この局所バブル株で大儲け

天海源一郎
Tenkai Genichiro

頂上《てっぺん》はこれから！

幻冬舎

頂上《てっぺん》はこれから！

この局所バブル株で大儲け

天海源一郎

幻冬舎

ブックデザイン　折原カズヒロ
カバー写真　©kazuko kimura /orion/amanaimages

はじめに

バブルは悲観の中で芽生える

実は「バブル」や「バブル的なもの」は常に発生しています。規模が極めて小さいものもあれば、大きいものもあります。たとえ少数でも必ず儲《もう》けている人がいるのはそのためです。全般的には不景気の中にあったとしても、全員が儲けを減らしている、損をしているということはありません。必ず儲ける人がいるのです。

株式市場においては、さらに興味深いことがあります。それは「逆バブル」によっても儲ける人がいることです。「逆バブル」とは一般的には「バブル崩壊」と認識されるものです。直近では2008年9月のリーマン・ショックを契機とする世界的な株価暴落がそれに当たります。それ以前の「クレジット・デリバティブ・バブル」という、金融手法を駆使し投資資金を膨らませていたバブルが完全に弾《はじ》けたものです。世界経済を大混乱に陥れましたが、株式市場では「値下がりで儲ける」こともできるので、一部の人にとっては「逆バブル」ということになりました。

「逆バブル」発生から2年半が経過しようとしています。

次にやってくるのは「バブル」です。順番からするとそうなります。バブルは「悲観の中で芽生え、懐疑の中で育ち、熱狂の中で崩壊する」といわれています。多くの人が「悲観」をしている間にバブルは発生していて、それを目の当たりにしていても「本当かな？大丈夫かな？」と考えられている間にさらに大きくなり、そしていよいよ「これはすごい！　全財産はたいて飛び乗ろう！」とした時に崩壊が始まるということです。このような流れは相場というものが生まれて以降、何度も繰り返されてきたことです。

今、みんなは悲観しているでしょうか？　懐疑をしているでしょうか？　それとも、熱狂しているでしょうか？

まずは、ここにヒントがあると思います。もし、多くの人が経済や株式市場に対し悲観しているのなら、それはもう「バブルのとばくち」にあるかもしれないということになります。いや、あると言っても過言ではありません。

また、バブルがどこに発生するのかはその時々の状況で異なります。とくにみんなが悲観している中においては、それがバブルであったとしても、バブルと認識されることがないので、なおさら発見が困難になります。しかし、初期段階でそれを発見し、飛び乗った者や、多くの人より少しだけ早く気づき飛び乗った者はやはり儲けることになります。

今回のバブルは、とても狭い範囲で発生するものだと見ています。とても狭い範囲で発生するということは、なかなか気づかれることがないものの、気づかれれば一気に高値に進むというものです。局所的に起こるバブル……そうです「局所バブル」です。

本書では日本の株式市場のタブーとされる「ある事柄」にも言及した上で、リーマン・ショック後の逆バブルが完全に終焉《しゅうえん》していること、さらにはバブル発生のサイクルにすでに入りつつあること、具体的にどのような銘柄を買えば「局所バブル」に早期段階で乗ることができるのかについても私の考えを書いてみました。

初めて株式市場に触れようとしている方はもちろん、ここ数年株式市場と疎遠になっていた方にも読んでいただきたいと熱望しています。

みんなが悲観している時はチャンスだからです。

天海源一郎

頂上《てっぺん》はこれから！　この局所バブル株で大儲け　《目次》

第1章　日経平均株価による「駄目マインドコントロール」の正体　11

第2章 2009年に「逆バブル」は終結している 55

第3章 株の絶対王者に必要とされる今の意識 91

第4章 局所バブル株に乗る方法と具体的な銘柄

第5章 局所バブルのアザーサイドストーリー

第1章

日経平均株価による「駄目マインドコントロール」の正体

1 どうあっても動かない日経平均の20年

冒頭から「日本経済のタブー」に挑んでみたいと思います。このタブーは、この先どこかの時点で気づく人が出てくるかもしれませんが、現状ではほとんど気づかれておらず、ごく少数の気づいている人もおおっぴらには口にしていないものと認識しています。

（私もそうですが）株式投資を実際にやっている人だけでなく、ビジネスマンはもちろん、さらに広げてテレビや新聞やネットのニュースに触れている人は、「足元の景気の状況」と「今後の景気の行方」を少なからず気にしているものと思います。それはひとえに、景気がよくなると企業が儲かり、自営業も儲かり、それに伴い報酬・給料が増えると期待するからです。「できるだけ景気が良くなり、できるだけ報酬・給料が増えて欲しい」という望みを持っているものと思います。よもや「給料など減ったほうがいい」と考えている人はいないでしょう。

では、みんなは「景気の現状」と「景気の先行き」を何によって感じ取っているのでしょうか？

「株価」がそれに当たると思います。株式市場には日本の大企業のほとんど、さらには中小企業の範疇《はんちゅう》に入る企業まで数千の企業の株式が上場され、投資家によって売買され「株価」が日々決定されています（ここまでは誰でもご存知のことだと思います）。多くの場合、株価はその企業の業績が良い場合や、先行きが明るいと思われた時に値上がりすることになるので、株価の上昇は「景気がいい」「景気はこれから良くなる」のサインと捉《とら》えることができるのです。

このほか株価がよりどころになっている理由としては「極めて具体的」であることも挙げられます。たとえば、自分自身は「景気が良くなってきている」と自身を取り巻く環境の変化から感じていたとしても、それは感覚の域を出ず、なんら具体性と確実性のないものと考えてしまいます。自分では「良くなっている」と感じていたとしても、株価が低迷を続けていたり、いわんや暴落している局面では、「あ、これは自分の感覚のほうが間違っているのだ」と判断することもあると思います。

まぁ、みんなそうでしょう……株価には信用があるのです。しかも具体的なのです。

株価は「景気を映す鏡」とされ、それに疑いを持つ人はいないのです。ちなみに、自分自身が「景気はさらに悪くなっている」と感じている時に株価が上がっていても、自分の感覚が間違っていると思う人は少なく、どちらかといえば「自分は株価の動きを先取りしている」と自らの先行きの暗さに対する先見性を評価すると思います。

そうなってしまう背景は「株価はずっと低迷している」という「基本情報」が頭の中にインプットされているからだと思います。

株価はずっと安い↓それは景気が悪いからだ↓日本は景気がちっとも良くならない↓だって日本は斜陽の国だもの↓だから景気は良くならない↓だから株価はずっと安い

このような「駄目のどうどう巡り」ではないでしょうか？　実際、このような「どうどう巡り」が2~3年も続けば、「駄目だ！」と心底から決めつけてしまう人も多くなります。そうなると足元で株価が上昇していても、この先もさらに上昇していくだろうとはなかなか考えにくくなります。

ところで、「株価」とは何を指しているのでしょうか？　景気動向を測る物差しとして、みんなに信用され、日々その動向が気にされている「株価」とは一体何を指しているのでしょうか？（先に書いてしまいますが）実は、ここに「日本経済のタブー」があると私は考えています。

個別の企業の株価動向で日本の景気全体を語ることはありません。

・トヨタ自動車の株価が下がったから景気が悪い
・東京電力の株価が上がったから景気が良い
・楽天の株価が昨日と「変わらず」だから景気は停滞している

このようには口にされません。もちろん、それぞれ巨大な企業で全体の景気に対する影響力を持っているとは思いますが、個別企業の株価が多少上下したからといって、日本の景気全体を語ることには無理があります。

やはり「株価指数」の動向だと思います。

株価指数とは、「おおまかな株価の動き」「平均的な株価の動き」を表すものと認識されています。日本では「日経平均株価」や「TOPIX（東証株価指数）」が代表的です。日経平均株価は東証第1部に上場している銘柄の中から「日本経済新聞社」が225銘柄を選び出し、それを平均化し、指数にしたものです。日々の取引の活発さや業種バランスなどを勘案して225銘柄が構成されています。一般的には「日本を代表する225の企業で構成されるもの」と理解されています。

これに対しTOPIXは東京証券取引所が算出する株価指数で、東証第1部上場銘柄全体の「時価総額」の増減を表したものです。

圧倒的にポピュラーなのは「日経平均株価」です。「日経平均」「日経225」さらには「NIKKEI」ともいわれるものです。日本では「株価が上がった」という言葉は日経平均株価が上がったことを（一般的には）意味すると言っても過言ではないと思います。テレビのニュースでも日経平均株価の上下を伝えています。時々、TOPIXの動きも伝えているものはありますが、それでも先にくるのは日経平均株価です（一部では日本経済新聞社を指す「日経」という言葉を使わず「主要な銘柄の値動きを表す株価指数」と表現することもあります）。

「みんな」は景気の動向を気にしていて、できれば景気は良くなって欲しいとの願望を持っていて、それを測る物差しを「株価」に置いている。そして「株価」とは日本経済新聞社が選んだ、日本を代表する225銘柄で構成されている株価指数「日経平均株価」のことを指している。

この一連の捉え方で間違いないと思います。

ちなみに、「日経平均株価」の1989年以降の動きは次ページのグラフの通りです。

普段株価のグラフを見ないという方も、面倒くさがらずに見てください。

日経平均株価1万円のところと2万円のところを太い線にしてみました。そうすると、ハッキリとわかることがあるからです。株に詳しいとか詳しくないなど関係なく誰でもほ

■日経平均20年チャート

ぼ第一印象でわかることがあります。

「この20年間、日経平均株価はほとんどの時間帯、1万円〜2万円で推移していたのだな」

この印象を受けたと思います。1989年12月に、史上最高値3万8915円をつけて以降、株価は暴落しました。いわゆる「平成バブル崩壊」です。それは、1992年8月の1万4309円（チャート内①）で一旦《いったん》止まったように見えます。バブル崩壊による株価下落はなんとかここで一度止まりました。しかし、その後、バブルの後処理ともいえる「不良債権問題」が起こり、金融機関の経営を圧迫しました。その中でも日経平均株価が2万円を超える局面はありました。しかし、それは長続きすることがなく、下限である1万円に近づいたり、時には1万円を割ったりしています。つまり、史上最高値3万8915円に近づくことはこの20年の間にはなく、それどころか直近のところでは、1万円を割れる局面がしばしばあり、2万円からは遠く離れている、ということになります。

これを見て多くの人はこう言います。

「そりゃあそうだろー。平成バブル崩壊以降、日本はずっと景気が低迷してるんだから、株価だけが上がるハズないもんなー」

多くの人どころか、ほぼすべての人がそう思っているのではないかと思います。誰が考えたのかは（私は）知りませんが、この20年間が「失われた20年」と表現されることもあります。だから株価は上がらず、1万円から2万円の往来を続けているという理解です。

多分、あなたもそう考えていると思います。

私もそう考えていた時期がありました。「日本経済はダメだから株価が上がらない」と考えていた時期です。1998年の秋ごろまでは私もそう理解していたのです。前年（1997年）に山一證券が経営破綻《はたん》し、年が変わり、長銀、日債銀、さらには拓銀まで破綻し「金融危機」といわれていた頃です。「仕方がない」と思う日々を送っていたのです。

しかし、その後の「ITバブル」においても日経平均株価が2万0833円（2000年4月）（チャート内②）まで頭打ちになった頃から「？」と思いだしたのです。IT

という新しい産業が興り、情報通信に革命を起こし、新たな企業がドンドン創業し、あっという間に世界的な企業になるものまで現れた「ＩＴバブル」においても、日経平均株価は２万０８３３円までしか上昇しなかったのです。「これは不思議だ。何かおかしいぞ」と思いだしたのです。

そして、その「？」が決定的だと感じられることが起こりました。正確には長期間にわたる日経平均株価の動きを見て、それまで感じていた「？」が確信に変わったと表現したほうがいいでしょう。

もしかしたら、私達は、マインドコントロールにかかっているかもしれませんよ。

戦後最長の「景気拡大期」が（今のところ）いつだったかご存知でしょうか？　それは２００２年２月から２００７年10月の約５年半です。「いざなみ景気」と名付けられています。

参考までに、それ以前の目立った景気拡大期も紹介しておきます。

・「いざなぎ景気」1965年11月〜1970年7月
・「バブル景気」1986年12月〜1991年2月
前者は、いわゆる高度成長期の景気拡大です。「あの頃の日本は勢いがあってよかった」と今となってはまるで、バラ色の時代のように（本当はそうではないはずですが）語られているものです。後者も、「あの頃の日本は勢いがあってよかった」とさらにバラ色のように（もちろんすべての人がバラ色だったわけではないのですが）語られている時代です。

それらを上回る長期間の景気拡大を記録したのが2002年2月から2007年10月までの「いざなみ景気」なのです。

これを書いた上で、まず申し上げておかなければならないのは、「平成バブル崩壊以降、日本はずっと景気が低迷している」は間違った判断だということです。これは、どうやら違うようです。日本にはこの約20年の間に景気拡大期がしっかりと存在しています。平成バブルほどではないにしても、ITバブルのようなバブル期だってあったのです。多分、儲かって儲かって仕方がない会社もあって、ガッポリとボーナスをもらった人もいるはずです。そんなことでもなければ景気拡大期とは判断されないのです。しかしそれでも日経平均株価は「いざなみ景気」において、2007年7月の1万8262円（チャート内③）までしか上昇しなかったのです。

ITバブル時には高値2万0833円、「いざなみ景気」でも高値1万8262円までの上昇にとどまったのです。

もう一度確認しておいたほうがよさそうです。株価は景気動向を測る物差しとされており、株価とは「日経平均株価」のことを指します。みんなは日経平均株価を信用し疑いません。絶対的な存在です。嘘などつくはずがないし、経済状況をキレイに反映していると理解されています。

私が先に指摘した「マインドコントロール」とはこのことを指しています。ただ、このマインドコントロールは日経平均株価を算出している日本経済新聞社が意図したものではなく、もちろん日本政府が画策したものでもありません。

「みんな」が、長い年月をかけて「そうだろう」として判断し形成したことが受け継がれているものといえます。

セルフマインドコントロールとでも表現すればいいのでしょうか……。

日経平均株価の信用度は高く、それを疑うことなど考えもしなかったのです。

私はここで、畏《おそ》れ多くも「日経平均株価様」に対して、疑問を呈してみたいと思います。

もしかして経済の実態を表していないのではないでしょうか？

もし、私の疑問が正解なら、「みんな」はとんでもない思い違いをずっとし続けていることになってしまいます。

戦後最大の景気拡大期でも、史上最高値に迫ることがなく安値にとどまっている日経平均株価……ここにメスを入れなければならないと考えています。

私は「日経平均株価って何かおかしくないか？」と強く思っています。

2 構成銘柄の「アヤ」発見！ だまされた～

日経平均株価についてもう少し詳しく書いてみます。

日経平均株価という現在の名称になったのは1985年5月のことです。それ以前にも日経平均の「前身」となる指数がありました。1950年9月から東京証券取引所が算出・公表していた「東証修正平均株価」というものです。1969年になって東証が時価総額の増減を表す指数（現在のTOPIX）の算出に移行したことから、「平均株価」の算出は「日経グループ」に引き継がれました。

1971年からは日本経済新聞社のグループ会社である「日本短波放送」に算出が委《ゆだ》ねられ、1975年には日本経済新聞社が米ダウ・ジョーンズ社と独占契約し、「日経ダウ平均」とされました。日本経済新聞社自身が算出を開始したのです。そして1985年に晴れて「日経平均株価」と名称変更し、今に至るわけです。

私はかつて「日本短波放送（現・日経ラジオ社）」の社員（１９９２年〜２００４年）だったことがあり、証券関係の番組に携わっていました。その中で、ベテランのアナウンサーから「昔、東証内の放送ブースで『ＮＳＢ２２５種修正平均』（日本短波放送が算出をしていた当時の株価指数の名称）を計算してその推移を放送していた」と聞いたことがあります。

本書を執筆するにあたり当時を知る大先輩（すでに定年退職されています）にインタビューをしてみました。

10人くらいの専任スタッフがおり、株価の変化を書き取る人と計算をする人に分かれていたそうです。計算は「そろばん」と当時出始めだった「電卓」（大型のもので10万円くらいしたそうです）で、２２５銘柄すべてを足し算→割り算し「ＮＳＢ２２５種修正平均」を算出していました。

今のようにリアルタイムで指数の変化を放送したのではなく（計算する時間が要るので

不可能ですね)、朝9時の取引開始から算出作業を開始し、1回目は9時15分に算出した指数を放送し、その後は10時や11時という節目に指数を放送していました。人海戦術で指数を算出していたのです。今と変わらないのは、その当時も指数の推移を見て(聴いて)「株が安い」「株が高い」とみんなが判断していることです。

半面、今と決定的に異なることは……そのインタビューで先輩がはからずも口にされました。それは「当時は上場されている銘柄が少なかったから225銘柄の平均でも充分に株式市場全体の動きを表すことができていたと思う。でも、今はどうかな? 東証第1部だけで1500以上もの銘柄が上場されているわけでしょ? 定期的に入れ替えているとはいえ、225銘柄の平均じゃ、市場全体の動きを表す指数というには無理があるんじゃないの」ということです。

私が本書で読者のみなさんにお伝えしたいことの一つです。

やはり日経平均株価は株式市場の動きを正確に表していないのではないでしょうか?

ましてや、マクロ経済の動向を測るには無理があるのではないでしょうか？

日本経済新聞社から発行されている『日経平均公式ガイドブック』によると、「日経平均株価は東京証券取引所第1部に上場する225銘柄の株価平均というのが基本的な考え方です。しかし、株価の単純平均ではありません。たとえば、構成銘柄について2010年8月31日の終値を全部足して225で割ると1万2131円で、その日の日経平均の終値8824円06銭にはなりません。日経平均の算出には『みなし額面』と『除数』による調整をかけているからです」とあります。ここで「みなし額面とは何か？」「除数とは何か？」について説明することはしませんが、要は「調整」をして、銘柄が入れ替えられた場合や、株式分割などで、企業のバリューに変化はないのに株価だけが変動することに対し調整しているということです。

「じゃあ、問題がない」との印象も受けますが……。

225銘柄の選定と入れ替えについても触れておかなければなりません。再び、『日経平均公式ガイドブック』から当該部分を要約すると、「銘柄を選ぶ尺度には『市場流動性』と『セクターバランス』の２つがあります。市場流動性はどれだけ活発に売買されているかに留意すること、セクターバランスは特定の業種に偏らないようにすることです。現在の選定ルールは２０００年４月に導入されました」

その上で、毎年10月に定期銘柄入れ替えが行われます。上の要件を満たさないと考えられる銘柄が除外され、新たな銘柄が加えられます。基本的には毎年銘柄が入れ替えられると考えてください（２００９年はありませんでしたが）。イレギュラーなものでは、日経平均株価採用銘柄が上場廃止となり（例：日本航空）急遽《きゅうきょ》新たな銘柄が選定されたこともありますが、だいたい年平均２銘柄程度が入れ替えられていると思ってください。

２０１０年10月の銘柄入れ替え後の日経平均採用銘柄は次の２２５銘柄（２０１１年２月現在）はP.30〜31の一覧の通りです。

時価総額（発行株式数に株価を掛けたもの＝株式市場における規模の大きさ）の上位にはトヨタ自動車、ＮＴＴドコモ、三菱ＵＦＪフィナンシャルグループ、ＮＴＴ、ホンダ、

6701	NEC	7911	凸版印刷	8804	東京建物
6702	富士通	7912	大日本印刷	8815	東急不動産
6703	沖電気	7951	ヤマハ	8830	住友不動産
6752	パナソニック	8001	伊藤忠	9001	東武鉄道
6753	シャープ	8002	丸紅	9005	東急電鉄
6758	ソニー	8015	豊田通商	9007	小田急電鉄
6762	TDK	8031	三井物産	9008	京王電鉄
6764	三洋電機 ※1	8035	東京エレクトロン	9009	京成電鉄
6767	ミツミ電機	8053	住友商事	9020	JR東日本
6770	アルプス電気	8058	三菱商事	9021	JR西日本
6773	パイオニア	8233	高島屋	9022	JR東海
6841	横河電機	8252	丸井グループ	9062	日通
6857	アドバンテスト	8253	クレディセゾン	9064	ヤマトHD
6902	デンソー	8267	イオン	9101	日本郵船
6952	カシオ	8270	ユニー	9104	商船三井
6954	ファナック	8303	新生銀行	9107	川崎汽船
6971	京セラ	8306	三菱UFJFG	9202	全日空
6976	太陽誘電	8308	りそなHD	9301	三菱倉庫
6991	パナソニック電工 ※1	8309	中央三井トラストHD ※2	9412	スカパーJSATHD
7003	三井造船	8316	三井住友FG	9432	NTT
7004	日立造船	8331	千葉銀行	9433	KDDI
7011	三菱重工	8332	横浜銀行	9437	NTTドコモ
7012	川崎重工	8354	ふくおかFG	9501	東京電力
7013	IHI	8355	静岡銀行	9502	中部電力
7201	日産自動車	8403	住友信託銀行 ※2	9503	関西電力
7202	いすゞ自動車	8404	みずほ信託銀行	9531	東京ガス
7203	トヨタ自動車	8411	みずほFG	9532	大阪ガス
7205	日野自動車	8601	大和証券G本社	9602	東宝
7211	三菱自動車	8604	野村HD	9613	NTTデータ
7261	マツダ	8606	みずほ証券	9681	東京ドーム
7267	ホンダ	8628	松井証券	9735	セコム
7269	スズキ	8630	NKSJHD	9737	CSK
7270	富士重工	8725	MS&AD	9766	コナミ
7731	ニコン	8766	東京海上HD	9983	ファーストリテイリング
7733	オリンパス	8795	T&DHD	9984	ソフトバンク
7751	キヤノン	8801	三井不動産		
7752	リコー	8802	三菱地所		
7762	シチズンHD	8803	平和不動産		

日経平均採用銘柄

1332	日本水産	3893	日本製紙グループ本社	5332	TOTO
1334	マルハニチロHD	4004	昭和電工	5333	日本ガイシ
1605	国際石油開発帝石	4005	住友化学	5401	新日鐵
1721	コムシスHD	4021	日産化学工業	5405	住友金属工業
1801	大成建設	4041	日本曹達	5406	神戸製鋼所
1802	大林組	4042	東ソー	5407	日新製鋼
1803	清水建設	4061	電気化学工業	5411	JFEHD
1812	鹿島建設	4063	信越化学工業	5541	太平洋金属
1925	大和ハウス工業	4151	協和発酵キリン	5631	日本製鋼所
1928	積水ハウス	4183	三井化学	5701	日本軽金属
1963	日揮	4188	三菱ケミカルHD	5706	三井金属鉱業
2002	日清製粉グループ	4208	宇部興産	5707	東邦亜鉛
2269	明治HD	4272	日本化薬	5711	三菱マテリアル
2282	日本ハム	4324	電通	5713	住友金属鉱山
2501	サッポロHD	4452	花王	5714	DOWA
2502	アサヒビール	4502	武田薬品工業	5715	古河機械金属
2503	キリンHD	4503	アステラス製薬	5801	古河電工
2531	宝HD	4506	大日本住友製薬	5802	住友電工
2768	双日	4507	塩野義製薬	5803	フジクラ
2801	キッコーマン	4519	中外製薬	5901	東洋製罐
2802	味の素	4523	エーザイ	6103	オークマ
2871	ニチレイ	4543	テルモ	6301	コマツ
2914	JT	4568	第一三共	6302	住友重工
3086	Jフロントリテイリング	4689	ヤフー	6305	日立建機
3099	三越伊勢丹HD	4704	トレンドマイクロ	6326	クボタ
3101	東洋紡	4901	富士フイルムHD	6361	荏原製作所
3103	ユニチカ	4902	コニカミノルタHD	6366	千代田化工建設
3105	日清紡HD	4911	資生堂	6367	ダイキン工業
3110	日東紡	5002	昭和シェル石油	6471	日本精工
3382	セブン&アイHD	5020	JXHD	6472	NTN
3401	帝人	5101	横浜ゴム	6473	ジェイテクト
3402	東レ	5108	ブリヂストン	6479	ミネベア
3405	クラレ	5201	旭硝子	6501	日立製作所
3407	旭化成	5202	日本板硝子	6502	東芝
3436	SUMCO	5214	日本電気硝子	6503	三菱電機
3861	王子製紙	5232	住友大阪セメント	6504	富士電機HD
3864	三菱製紙	5233	太平洋セメント	6508	明電舎
3865	北越紀州製紙	5301	東海カーボン	6674	GSユアサ

※銘柄は2001年2月現在のものです。

※1 パナソニックによる完全子会社化に伴い、上場廃止となります。2011年3月に別の2銘柄の補充が発表される予定です。

※2 中央三井トラストHDと住友信託銀行は経営統合により、「三井住友トラスト・ホールディングス」となります。
それに伴い、別の1銘柄の補充が2011年3月に発表される予定です。

キヤノン、武田薬品などがランクインします。なるほど……日本を代表する企業だと思える銘柄ばかりです。

これに対し、時価総額下位には、平和不動産、ユニチカ、CSK、古河機械金属、東京ドーム、日東紡などがランクインします。

ん?……なんですって???

時価総額下位に挙げられた銘柄は「日本を代表する銘柄」なのでしょうか?

誤解のないようにしなければなりませんが、それぞれの企業の業務内容や役職員の方々の日々の働きにケチをつける気は毛頭ありません。しかし、それでも「日本を代表する企業225社」の中にこれらが入っているということにはやはり疑問を感じてしまうのです。

「みんな」が経済の動きを測る物差しとしている日経平均を構成する、たった225社の中にこれらが入っていることにはどうしても疑問を感じてしまうのです。もしかすると、私が指摘している時価総額下位銘柄だけでなく、ほかにもそのように感じられる銘柄があるかもしれません。逆に「あの銘柄が採用銘柄に入っていないのはなぜだ？」と思う銘柄があるかもしれません。

いかがでしょうか？

いかに「調整」してあるとはいえ、そもそも採用銘柄が「日本を代表している225社」だということに対し、素直に「はい、そのようですね」と言いにくいのが「日経平均株価」の真実なのです。疑問を感じてしまう銘柄も多くあるのです。毎年のように入れ替えは行われているとしても、年平均2銘柄程度なのです。激しく移り変わる産業や企業勢力図についていけているとは（私には）とても思えないのです。ここから10年後、年平均2銘柄が入れ替えられるとしても、20銘柄が入れ替えられるにすぎません。しかし、その10年間に多くのことが変化していきます。

「日経平均株価」は変化についていけていないのではないでしょうか？

だから古くなってしまった採用銘柄が、今も多く残されているのではないでしょうか？

もしそうだとしたら……もし私が考える通りだとしたら、「株価（日経平均）が上がらないのは景気が悪いから」という、この20年間に日本人の頭にこびりついたものが全部ウソだということになります。逆に、戦後最長の景気拡大期においても、それほど大きく日経平均が上がらなかったことに納得がいきます。

個別銘柄の株価を左右するのは、市場に参加している投資家ですが、投資家は「古いもの」より「新しいもの」に目を向ける傾向があります。「新しい」だけで評価を受け、株価が上昇する銘柄もあります。企業としては古くとも、時代が変化し、再び「新しい」と認識されるものもあります。

また投資家には「買われている株（値上がりしている株）をさらに買う」傾向がありま す。止まっているものを動かすよりも、動いているものを加速させるほうが簡単で、結果（利益）が出しやすいと考えるのです。買われているものはさらに買われていきます。

そうなると投資家から放置されやすいのは、

・古い銘柄

・時代の流れに乗っていない銘柄

ということになります。

もう一度「日経平均採用銘柄」を見てください。

多分、投資家から放置されやすい傾向の銘柄をいくつも見つけることができるはずです。

どうやら日経平均株価は「ゆがんでいる（＝実態を反映していない）」と考えてよさそうです。日経平均で株価全体を見ること、経済全体の動向を測ることには無理があるようです。

日経平均採用銘柄の半分が投資家に注目され買われたとしても、残りの半分が放置されれば、やはり日経平均株価の上昇は限られたものになります。

少し極端な前提かもしれませんが……。

「もし日経平均採用銘柄以外の株だけが買われるとどうなるのか？」ということです。現実的にはあり得ないことですが、それに近い状態は充分にあり得ます。その答えは、「日経平均株価は上がらない」です。

3 日経平均が上がらなくとも「株」は上がっている

「古い銘柄」と「時代の流れに乗っていない銘柄」は投資家から放置されると申し上げました。その逆は「新しい銘柄」と「時代の流れに乗っている銘柄」は投資家の注目を受ける（買われる）ということでもあります。

実際にそれを見てみましょう！

私がまず取り上げたいのは、**グリー（証券コード３６３２・東証１部）**です。携帯電話向けのＳＮＳ（交流）サイトやゲームサイト「ＧＲＥＥ」を運営する会社です。２００４年に設立され、２００８年12月に株式が上場されました。テレビＣＭでもおなじみの会社といっていいと思います。

グリーの株価の推移は次ページの通りです。

同社の業績は近年倍々ゲームで伸びていますが、業績だけが投資家の関心&株価を形成する材料ではないので、業績の推移をここで詳しく説明することはしません。

直近のところでは、株価が下落しているように見えますが、それでも上場以来「右肩上がり」と表現することができます。ちなみにグリーは新しい銘柄ではあるものの、日々投資家に充分に売買されていると判断できるくらいの「売買代金」がある銘柄なので、重箱の隅をつつくような珍しい例を持ち出してきているわけではありません。

グリーは日経平均銘柄には採用されていませんが、主に機関投資家が世界の株式市場全体の推移を見る時に用いる「ＭＳＣＩ（モルガン・スタンレー・キャピタル・インターナショナル）指数」の構成銘柄には、２０１０年の11月に採用されています。

■グリーのチャート（3632）（上場来）

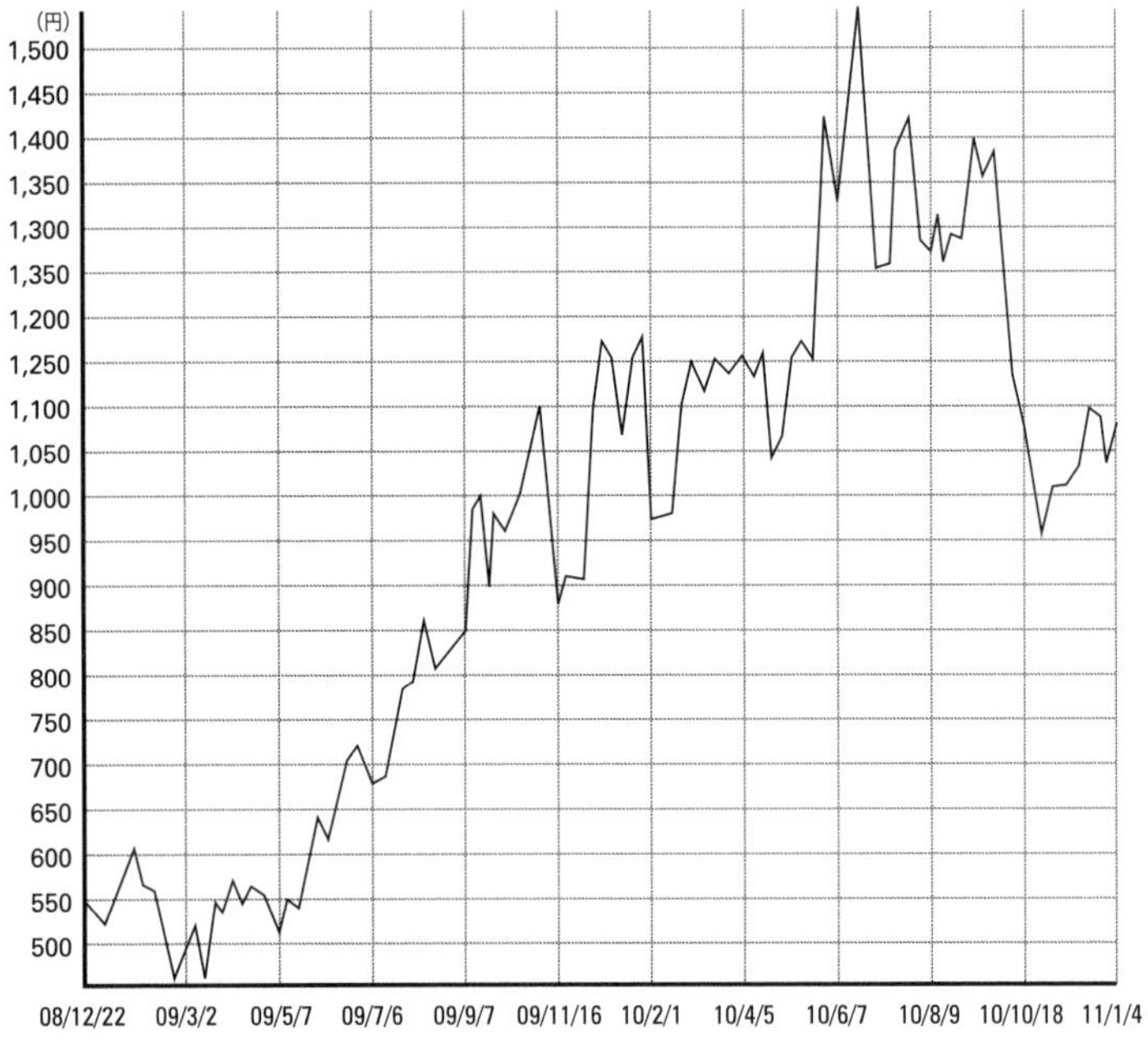

もう一つ例を挙げてみます。**ディー・エヌ・エー（2432・東証1部）**です。社名はそれほど知られていないかもしれませんが、携帯向けゲーム・交流サイト「モバゲータウン」というとピンとくるかもしれません。グリーとは同業種です。

同社は1999年8月に設立され、2005年2月に上場しました。日経平均銘柄には採用されていないものの、MSCI指数には2008年5月に組み込まれています。これも重箱の隅をつつくような銘柄ではありません。

ディー・エヌ・エーの株価の推移は次ページの通りです。

ここ2年間のチャートですが、とくに2009年の秋ごろから急激な上昇を見せ、約8カ月で約3・5倍以上になっていることがわかります。

グリーは2008年上場、ディー・エヌ・エーは2005年上場なので文句ナシに「新しい銘柄」です。その上、業績も好調で知名度も高い……でも日経平均には採用されていない、しかし株価は上昇している。

そんな銘柄です。

■ディー・エヌ・エーのチャート（2432）（2年）

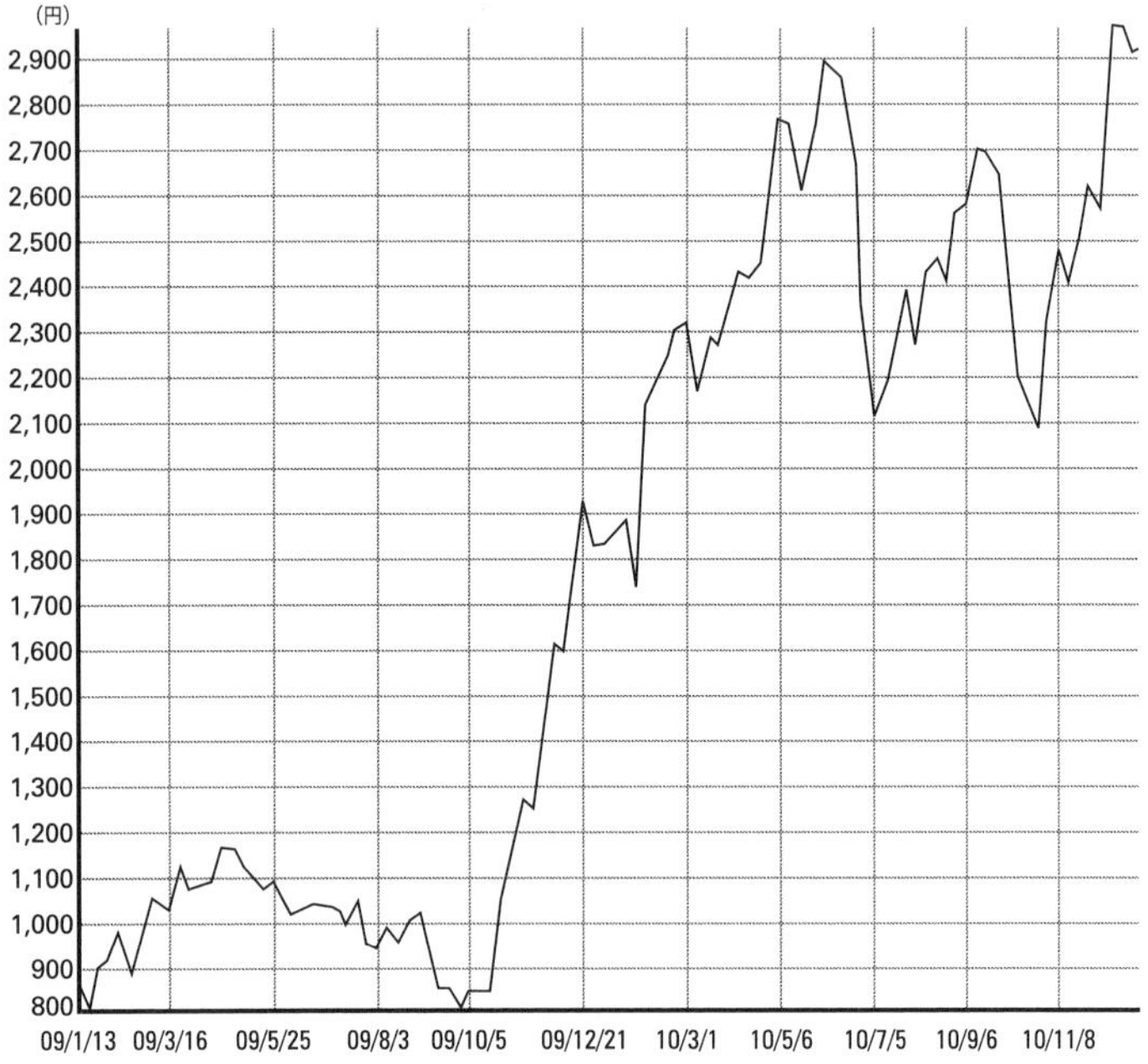

それでは、次ページに日経平均株価の、5年間のチャートを掲載してみます。先に掲載した「グリー」と「ディー・エヌ・エー」の株価の動きと（同時期を）比べてみてください。日経平均株価は2007年のサブプライムローン問題に端を発する米不動産バブル崩壊の影響（チャート内①）、さらには2008年9月に米投資銀行リーマン・ブラザーズの破綻（いわゆるリーマン・ショック、チャート内②）を契機に急激な下げ局面となり、ここにきてかなり持ち直してきているように見えますが、まだまだ低い位置にあります。

これに対し、グリーやディー・エヌ・エーの株価はほぼ逆の動きをしています。

もし、グリーやディー・エヌ・エーが日経平均採用銘柄だったら、もう少し日経平均を引っ張り上げてくれていたのではないでしょうか？　MSCI指数には採用されているほどの銘柄なのですから、日経平均採用銘柄になる資格もあるように思うのですが……。

さぁ、ここまで説明を加え、私が重箱の隅をつつくような銘柄ではないと申し上げても、まだ「そんな銘柄など知らない。だいたい携帯でゲームなどしないし、SNSって何

■日経平均５年チャート

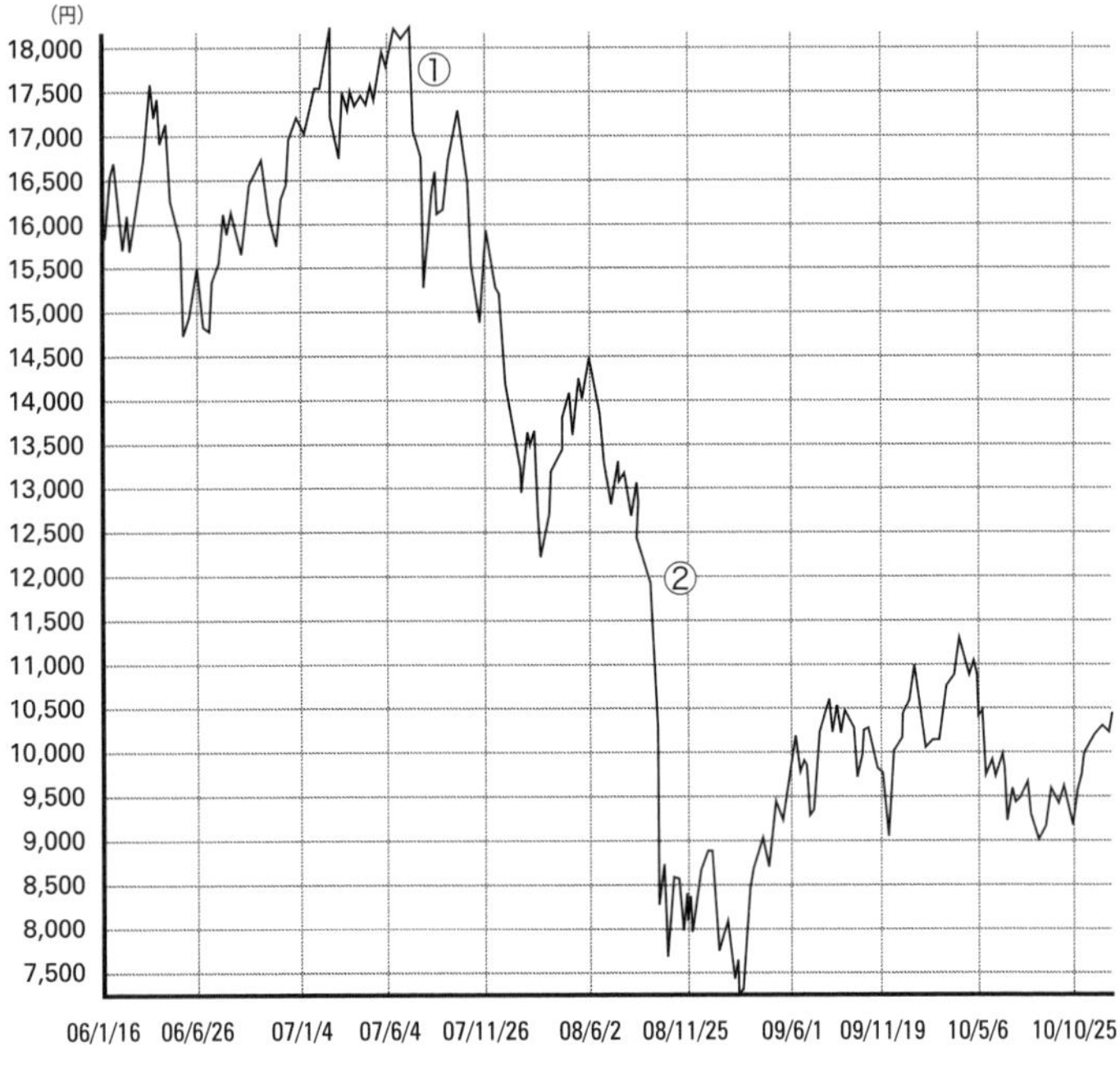

(円)
18,000
17,500
17,000
16,500
16,000
15,500
15,000
14,500
14,000
13,500
13,000
12,500
12,000
11,500
11,000
10,500
10,000
9,500
9,000
8,500
8,000
7,500
①
②
06/1/16
06/6/26
07/1/4
07/6/4
07/11/26
08/6/2
08/11/25
09/6/1
09/11/19
10/5/6
10/10/25

だ？」と言うお父さんお母さんがいるかもしれません。

というこことで他の銘柄の例も挙げてみたいと思います。なんと！　今度は日経平均採用銘柄です。

建設機械の**コマツ（6301・東証1部）**の、ここ1年の株価の推移は次ページの通りです。コマツは1921年5月の設立、1949年5月に上場されている古い銘柄です。しかし、ここ最近は中国をはじめとするアジア諸国の経済発展を追い風に業績が拡大し、投資家の注目を集めている銘柄です。

2010年の春〜夏ごろを「底」にして株価が急上昇しています。この株価の動きはまるで「昇り龍」のように見えます。ほんの半年の間に約6割上昇した格好です。中国などの経済発展で恩恵を受けている銘柄＝「時代に乗っている銘柄」と判断していいと思います。

念のためもう一つ銘柄を挙げておきます。

■コマツのチャート（6301）（1年）

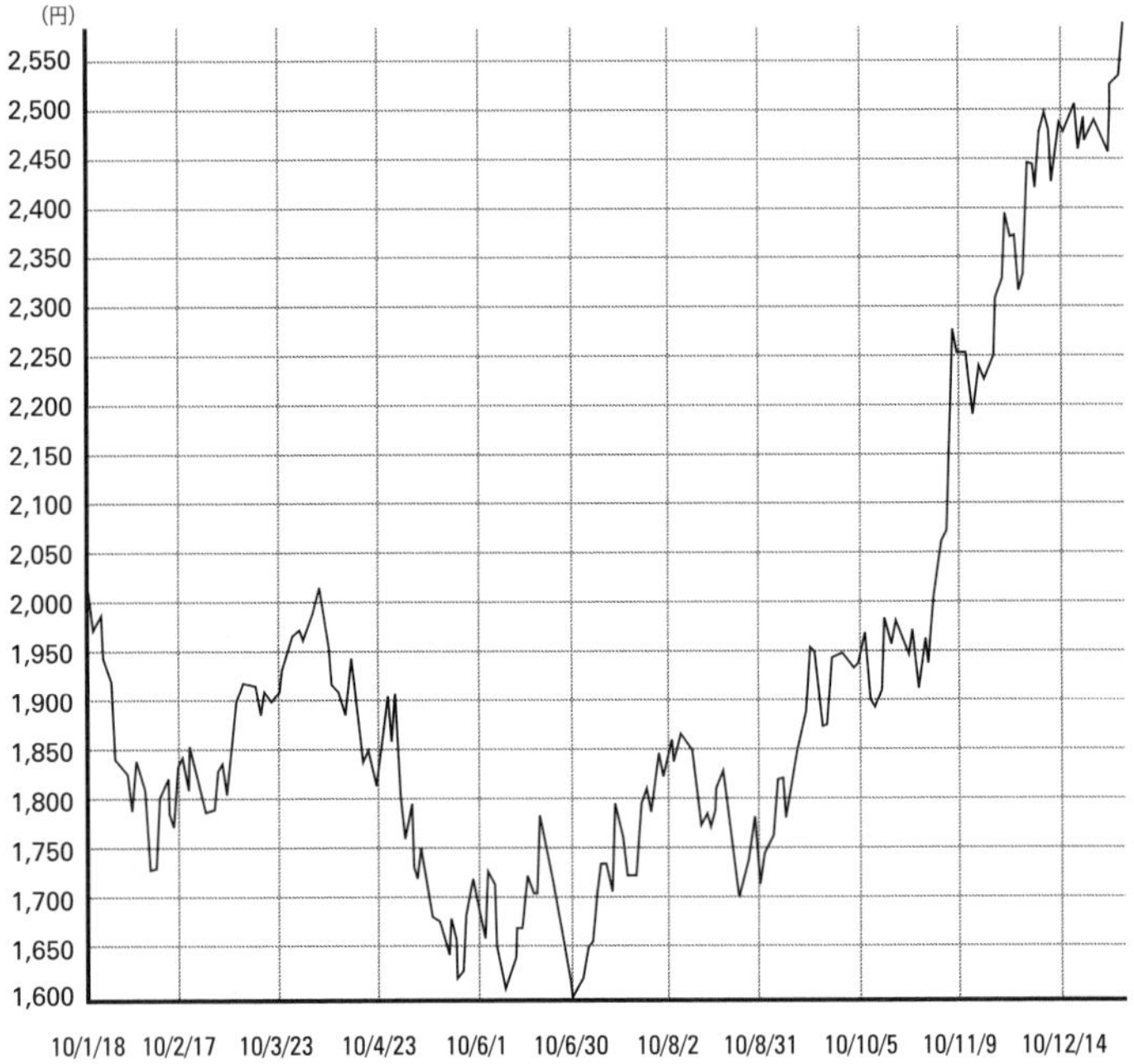

それは、トラックメーカーとしておなじみの**いすゞ自動車（7202・東証1部）**です。この銘柄も日経平均採用銘柄です。

ここ2年の株価の推移は次ページの通りです。すさまじい上げ方です!!

いすゞ自動車の場合、もともと株価が100円以下と極端な安値からの上昇ですので、反発力は強烈でした。約2年で安値から4倍以上になっています。いすゞの場合もコマツと同様、新興国での需要が業績を後押しし、それを先取りする格好で株価が上昇し続けています。「時代に乗っている銘柄」といっていいでしょう。

このように「グリー」「ディー・エヌ・エー」「コマツ」「いすゞ自動車」の株価と日経平均の動きを比べていくと、まずは、日経平均銘柄に採用されていない新しい銘柄の中に株価が大きく上昇している銘柄がある、ということがわかります。そして、日経平均銘柄に採用されている銘柄の中にも、時流に乗って驚くくらい上昇している銘柄が存在していることもわかります。

■いすゞのチャート（7202）（2年）

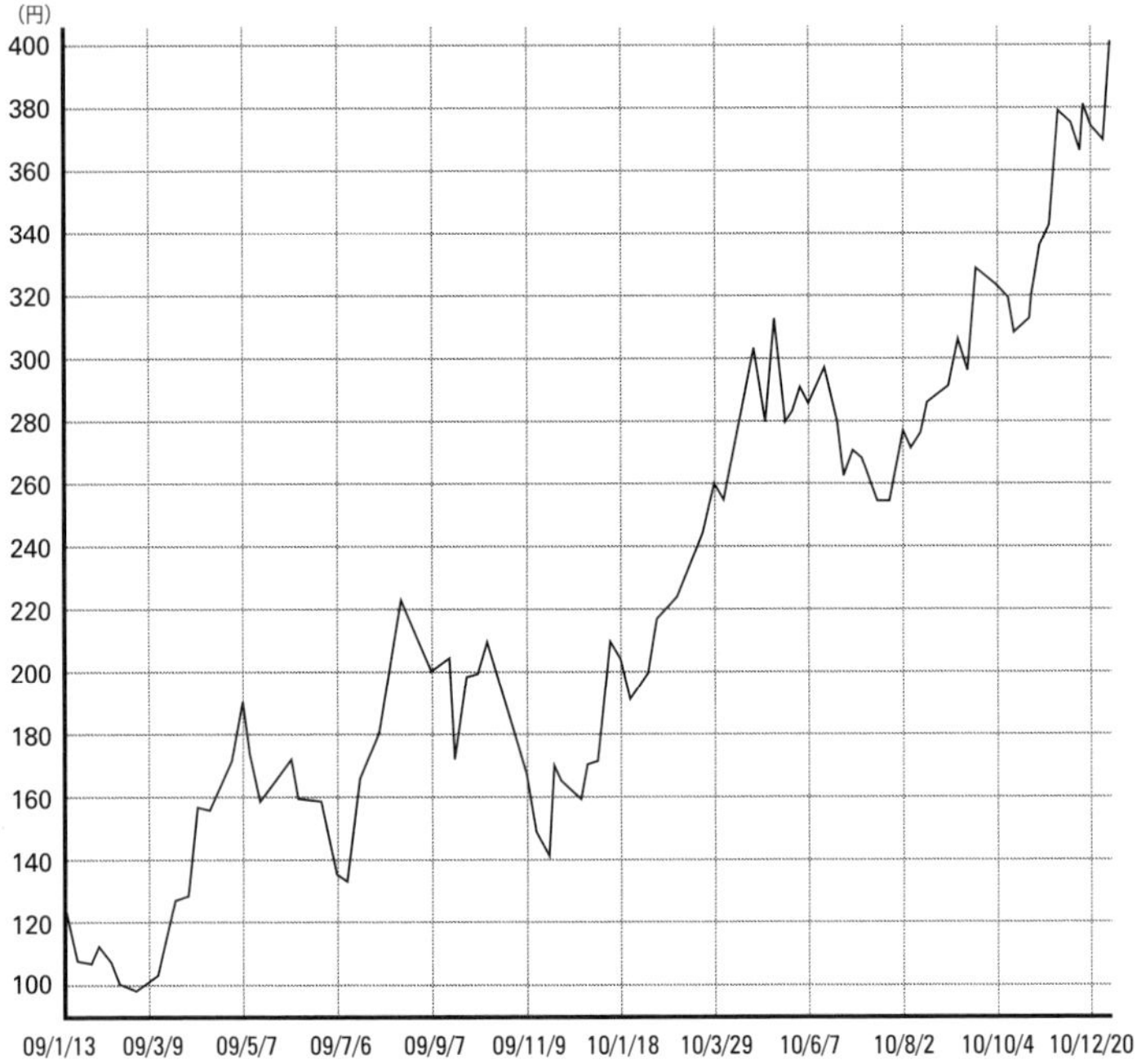

しかも、すべて一般の人がよく知っている銘柄（企業）です。

ここまでくると、相当頭の固い方でも「日経平均には構造問題があるのでは？」との思いを持たれたのではないかと思います。どう考えても、「古い銘柄」と「時代の流れに乗っていない銘柄」が日経平均株価の上昇を妨げているのです。

「みんな」はそのような日経平均の構造問題を知ることなく、「株価が上がらない」「日本はダメだ」と言っているのです。構造問題を抱えている日経平均が上がらないことばかりに目が行ってしまい、実際には「上がる株はキッチリと上がっている」ことを見逃している、いや、それらを見る以前に、あきらめてしまっているかのようです。

ここでもう一度言います。

それが日経平均によるマインドコントロール、それにどっぷりと浸《つ》かった末のセルフマインドコントロールなのです。

株式投資でお金をドカンと殖やすチャンスがいくらでもあるのに、なんともったいないことなのでしょうか！

4 財務大臣殿！ 私ならガツンガツンに圧力をかけます

「日経平均には構造問題がある」などと書くと、まるでそれを算出している日本経済新聞社が問題を抱えていたり、どんくさいかのように聞こえてしまいます。

私の意図はそれを指摘することにはありません。

そうではなく、本書を読んでくださっているみなさんが、「それ」に気づくことを意図しています。それに気づくことで、まるで目の前がパッと明るくなったかのように感じるのではないでしょうか？ これまでの株式市場や株式投資に対する見方に変化が出てくるのではないでしょうか？

多分、前向きな変化だと思います。

ただ、いずれにしても「日経平均の構造問題」は深刻です。私とみなさんがそれを理解し、その上で株式投資でガンガン儲けることができればそれで良しとも思えますが……それにしても、日経平均の構造問題から端を発する「みんな」のセルフマインドコントロールは深刻です。なんとかしなければならない気もします。

日経平均株価は、その時に（時流に乗って）買われている銘柄に入れ替えていくことで上昇するのですよ！

長く投資家の注目を受けることのない銘柄をサッサと除外し、ＭＳＣＩ指数のような機動力を持って銘柄入れ替えを行うことで、何にもしなくとも日経平均株価は上昇する可能性が高いのですよ！

何兆円もの景気対策をしなくとも株価上昇に貢献するのです。銘柄をチョチョイと入れ替えるだけの簡単で楽チンなことなのです。

やればいいじゃないですか！

株価が上昇すれば、景況感は必ず好転します。なにしろ株価は「具体的」です。景況感に与える影響はとても大きいのです。当然、株価が上がることで法人、個人とも資産価値がアップし、世の中のお金の巡りがよくなります。

私程度のオツムの人間でも「日経平均の構造問題」に気づいているのですから、高偏差値の大学を出た官僚が気づかないはずはないのですが……。

なぜ「大臣、株価を上昇させる実に簡単な方法があります」と進言しないのでしょうか？

予算など1円も要らない魔法のような方法なのですけど……まさか、高級官僚までセルフマインドコントロールに陥っているのではないでしょうね？

みなさんは、すでに日経平均によるセルフマインドコントロールから解き放たれつつあると思います。それは、日本経済はいわれているほどダメではなく、株価は実はそれほど低迷していない。ましてや個人で行う株式投資においては、「新しい」「時代の流れに乗る」銘柄を中心に行うことで結果が出そうだ、と理解されたと思います。これまで思い込まされ、思い込んできたことがいかに実態とかけ離れたことだったかもおわかりいただけたと思います。

目の前がパッと明るくなった気がします。

しかし「みんな」はまだそれに気づきません。「本当のこと」はみんなに教えてあげる必要はなく、気づいた者だけで株式投資から得る利益を独占すればいいという気がしなくもないですが……それでも、私はもっと多くの人に気づいて欲しいですし、構造問題を抱える株価指数を改革して欲しいと思います。どれだけそれを訴えても、私の力など小石のように小さなものですが……。

やはりここは政治家の出番です。民主党は政権交代した後、厳しい批判にさらされていますが、株価を上げることができたならその評価は一気に好転すると思います。しかも、これまでとは全く異なる手法で、予算を使うことなく達成できるのですから。

是非、財務大臣殿には先頭に立って「日経平均の改革」に取り組んでいただきたいと思います。具体的には日本経済新聞社首脳に日経平均が実態を表していないことを説明し（気づいていないかもしれませんので）、ちょっと怖い顔をすることです。

「もっと時代を映した銘柄に迅速に入れ替えていかないと株価指数としての役割を果たせないんじゃないですか。日本経済発展のためには銘柄入れ替えが必要です。このことは総理もかねてよりおっしゃっていることです」

この程度だと、改革に手をつけるところまでいかないかもしれません。財務大臣の権限や政治家の影響力がどこまで及ぶのかはわかりませんが、「これからの人事の話」などをすると、ものすごい勢いで銘柄入れ替えが進むかもしれません（冗談です）。

日経平均は「みんな」が信用している株価指数なので、その時の実態を反映したものになって欲しいと思います。

しかし、足元、日経平均株価が日経平均株価として存在していることは厳然たる事実なので、それはそれとして私達は、（私達が）最大限の利益を株式投資から得ることに邁進《まいしん》しなければなりません。

その大前提が「日経平均の構造問題について」なのです。

第2章

2009年に「逆バブル」は終結している

1 過去3回のバブルの「底」は一致している

何よりも気になるのは、本当にこれから株を買って儲けていくことができるのかどうか？　だと思います。

この問いに対しては「それはわかりません」とお答えしなければなりません。なぜなら、「株を買って儲けていくことができるのかどうか？」という質問は極めてあいまいなものだからです。

やはり「やり方による」のです。

たとえば、1000円の株があるとして、その後500円まで下がったとしましょう。株価が2分の1になったということです。そして、その後再び1000円に株価が戻ったとしてください。一般的には、最初1000円の時点でこの株を買った人は、一旦投資した資金が半減しましたが、株価が元に戻ったことで「儲けも損もない」と判断されると思います。一般的にはそうだと思います。

投資家の感覚は違います。

まず、株価が半分になるまで持ち続けるなど、考えられないことだからです。１０００円で買った時には「この先株価が上昇するだろう」と目論んでいるわけですので、その後、９００円、いや最悪の場合でも８００円くらいに下落した時点で「あっ、自分の目論見は外れた。自分は間違えた」と考え、対処をするからです。

対処には二つのやり方があります。一つは「損切り」、もう一つは「ナンピン買い」です。

「損切り」は、目論見と違い株価が下落し含み損が生じた時に、（どこかの時点で）売って損失を確定することです。損をすることになりますが、それ以上の下落によるさらなる損失を防ぐことになります。そして、投資資金を（目減りこそしたものの）フリーな状態にすることができます。株価が上がるかもしれない他の株に乗り換えることができます。

もちろんこの場合も、次に買う株が必ず値上がりする保証はありませんが、いずれにしても「初めに買った株」での損失はもう拡大しないのです。つまり、負けを認め仕切り直しをするということです。

「ナンピン買い」は、その後の株価の反転上昇時に早く利益を出すことを狙《ねら》い、安値で株を買い増すことです。たとえば、1000円の時と500円の時に同じだけ買えば、平均買い単価は750円になりますので、1000円↓500円↓1000円と株価が推移したのなら、かなりの利益が出ることになります。もちろん、株価が下落を続けた時には、当初よりも大きな損が出てしまうことになります。しかし、株価が戻ってくれば、当初より早く利益を出すことになります。

投資家はこのような対処をします。私自身も必ずそうします。何もせず放置することはありません。もちろん対処の結果によっては損をすることにもなります。「対処」とは「100%儲かる方法」を意味するものではないのです。これは仕方のないことです。しかし、必ず対処が失敗に終わるとも限らないのです。

投資とはどうなるかわからない中でやっていくものだと思います。だから「本当にこれから株を買って儲けていくことができるのかどうか？」という質問に対しては「わかりません」そして、「やり方によります」とお答えすることになるのです。

しかし、その答えではあまりにも無愛想すぎることも理解しています。

だから私は、私なりのアプローチで、「よりどころ」となるものを示してみたいと思います。

決して、マクロ経済の動向を解説するものではありません。相当な時間を費やして勉強した人にしかわからないようなことでもありません。どれだけ勉強をしても株式市場がどうなるかについて完璧な答えなど出ないので、株式投資において「勉強そのもの」が大きな意味を持つとは考えていません。

歴史がそれを示しているはずです。

その時代、その時代に必ず、完璧とされる理論のようなものが登場し、投資家を魅了します。しかし、時が経《た》てば、それは使いものにならなくなります。「たまたまその時、短期間だけうまくはまったもの」でしかなかったわけです。それを繰り返して株式投資の歴史が形成されているように思います。

真理は「歴史は繰り返す」ということのみです。別の言い方をすれば、繰り返されるということ、何度も繰り返されたことは絶対だと信じていいように感じます。「よりどころ」にできると思います。

「本当にこれから株を買って儲けていくことができるのかどうか?」という問いに対しての一つの答えになるかもしれません。

今「みんな」が気にしていることは「株価は底打ちしたのだろうか?」ということだと思います。リーマン・ショック以前から始まっていた下落がすでに底打ちしたのかということです。「二番底が来る」とか「ここからが本当の底だ」という意見も散見されます。

いや、散見されるどころではなく多く聞かれます。

ここでの「株価」とは、みんなが気にしていることなので「日経平均株価」ということになります。構造問題を抱えていても、「みんな」はそれを気にしているのです。

２００８年のリーマン・ショックは、以前から膨らんでいた「クレジット・デリバティブ・バブル」が明確に弾けた出来事でした。「クレジット・デリバティブ・バブル」とは、主に証券化や再証券化という金融テクニックで、これまで投資対象とならなかったものまで投資対象にした金融商品を創《つく》り出すこと、そこに、これまた倍率を掛けて大きく膨らんだ投資マネーが流れ込んだバブルです。サブプライムローン債券を組み込んだ金融商品などまさにそれです。マネーがマネーを生み出し、あらゆるマーケットに流れ込み続けている状態です。世界中のマーケットが活況になります。しかし、いつか、何かのタイミングや出来事を契機にそれは終わります。これがバブルの崩壊といわれるものです。

「クレジット・デリバティブ・バブル」時の日経平均の高値は２００７年７月につけた１

万8261円でした。そしてバブルの崩壊後、2009年3月につけた安値は7054円です（この7054円が「大底」なのかどうかについて多くの人が気を揉《も》んでいるのです）。

下落率は約61％です。

クレジット・デリバティブ・バブルの前の二つのバブルについても、その高値と安値の下落率を調べてみました。

二つのバブルとは「平成バブル」と「ITバブル」です。

それぞれの日経平均の動きは次ページの通りです。

古い順に見ていきますが、平成バブル時の高値は1989年12月の3万8915円で、バブル崩壊後の安値が1992年8月の1万4309円です。

下落率は約63％です。

ITバブル時の高値は2000年4月の2万0833円で、バブル崩壊後の安値は2003年4月の7607円です。

下落率は約64％です。

■ 3つのバブル時の日経平均

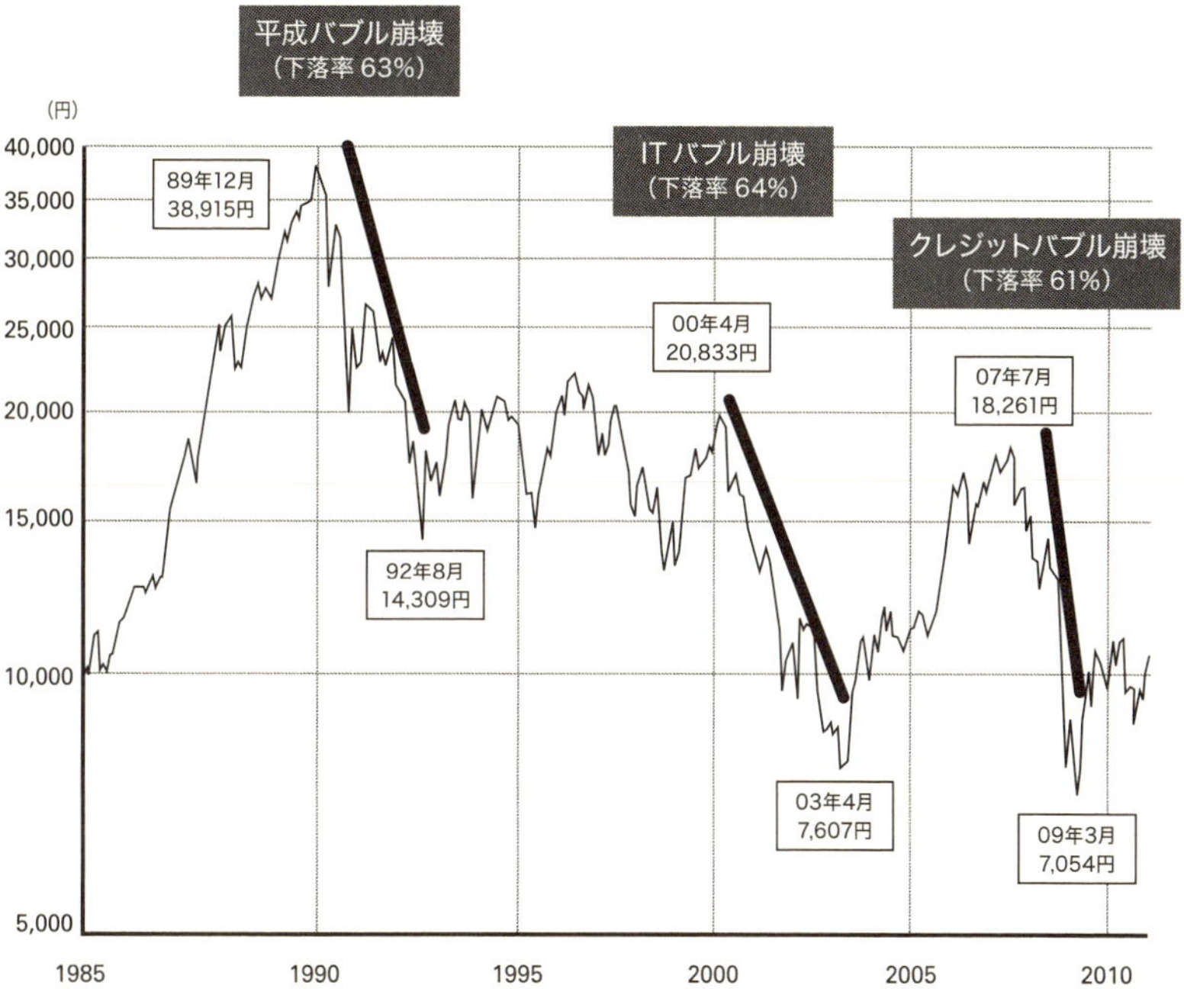

なんだかよく似たような下落率です……。

平成バブルの高値↓安値の下落率　約63％

ＩＴバブルの高値↓安値の下落率　約64％

クレジット・デリバティブ・バブルの高値↓安値の下落率　約61％

63と64と61です。やはり似ています。すべてバブルの頂点からバブル崩壊後の日経平均の安値までの下落率ですが、日経平均の水準はそれぞれ異なりますし、バブルが起きた要因も異なります。時代だって違います。

それでも同じような下落率です。もしかすると日経平均は「上昇時」には実態を表さないものの、バブル崩壊のような「下落時」には同じ「率」で動くのかもしれません。

過去2回のバブル崩壊（平成バブル、ＩＴバブル）の例から見ると、今回の「クレジット・デリバティブ・バブル崩壊」による安値は、すでにつけていると見ることができます。

これはとても重要なことです。

過去のバブル崩壊の例から、すでに日経平均は「底」をつけていると見ることができるのです。

投資家にとって、なぜ同じような下落率になるのかを追究することはそれほど意味がありません。投資家にとっては「これまではそうであった」ということを知っていることこそが意味のあることです。

それを知っていれば、バブル崩壊後の下落が終息するかもしれない地点を推測することができるからです。それを知らないままでは「どうだろう？　どうだろう？」と何年も言い続け、迷い続けることにつながります。

2　黄金分割比の驚くべき正確さ

それにしても過去3回のバブル崩壊において、日経平均の下落率がほぼ同じだったことは不思議です。


単なる偶然なのでしょうか？　それとも……誰かが操作して意図的にそうしているのでしょうか？　株価を操る「世界の大王」みたいな人がいて、

「ではそろそろバブルを起こそう」

「そろそろバブルを崩壊させるぞ」

「もう60％くらい株価が下落したから『底』にしよう」

といった指令を出しているのでしょうか？　とても独りでできることではなさそうなのですが、協力者はどこの国の誰なのでしょうか？　その機密文書がウィキリークスに流されることはないのでしょうか？


そんな特定の人はいませんし、やろうとしてもできることではありません。株価は投資家が売買した「結果」なのです。不特定多数の人の思惑や都合などが株価を動かしているのです。

プログラム売買にしても、そのプログラムを組むのは人ですし、プログラムの前提となることを作り出しているのも人です。

そう考えると、同じ率で株価が動くことにも「人」そのものが関係していると思わざるを得ません。「人」が売買するからそうなる……それも不特定多数の人が思い思いに売買をするからそうなる……それは何を導くのかを（これも）理論的に説明することはできませんが、思い当たることはあります。

「黄金分割比」です。

「黄金分割比」はもっとも美しく安定した比率とされるものです。

0・618対0・382

このほか「1対0・618」や「1・618対1」などとも表されますが、基本的には同じ比率を指しています。

トランプや名刺のタテ×ヨコの比率や、テレビ画面などもそうだとされています。このほかピラミッドの底辺と高さの比率、果ては料理のレシピにも当てはまるとされるものです。

「もっとも美しく安定した比率」とは、もちろん人がそう感じるということです。逆の言い方をすれば、多くの人によってなされることは、この比率に収れんされることが多い、となります。

平成バブルの高値↓安値の下落率　約63％
ＩＴバブルの高値↓安値の下落率　約64％
クレジット・デリバティブ・バブルの高値↓安値の下落率　約61％

どう見ても「黄金分割比」に近いのです。いや、ほぼ黄金分割比だといってもいいのではないでしょうか？　それが何度も繰り返されているのです。

現代において「理由」や「理屈」が重要視されていることは私も理解しています。しかし半面で、説明が決してつかないことが多数あることも知っています。とくに思惑が渦巻き、すべての投資家が我先に儲けを追求している株式市場であればなおさら、説明のつかないことが起こると認識しています。

人が思い思いに動いているから同じ比率になるのでは？？？

それは黄金分割比に収れんされる。

私はこのように理解しています。そして、この20年の間に同じことが3度も起こっているのですから、かなりの確信を持っています。この先もなにがしかのバブルが起きて、それが崩壊したときは「60％ちょい」くらいで株価の下落が止まるのだろうと思っています。

そして、多くの人がそう思えば思うほどますますそうなると考えています。

「そんなこと誰も主張していない。新聞やテレビでは報道していない」

このようには思わないでください。それは単に新聞やテレビが知らない、気づいていない、取り上げてもウケない、メディアの題材にそぐわないからです。

もしかすると、極めて大事なことだから一般のメディアでは教えてくれないのかもしれません。
過去に起きた現実の動きを照らし合わせていくと、どうしても「黄金分割比」の通りになっていると思わざるを得ないのです。

他方、株式市場では昔から「半値八掛け二割引」という下値メドも意識されています。半値（50％）、八掛け（その80％）、二割引（さらに80％）ですから、高値から32％の地点（68％下落）が究極の下値メドとされています。この比率も「黄金分割比」に近いのは不思議です。

「半値八掛け二割引」も、これまで多々あった下落局面を見て、投資家が導き出した「知恵」のようなものです。なぜだか理由はわからないけどそうなることが多いことから、メドとされるに至ったと思います。

私は、日経平均株価は、リーマン・ショック後の安値をすでにつけていると考えています。

3 日本古来のサイクルによる株価上昇示唆

次に関心となるのは、「これから株価が上がるのか？」ということです。関心どころの騒ぎではないかもしれません！　なにしろすでに株価は底打ちをしていることが「黄金分割比」によって示されているのですから……これから上昇に向かうのなら、その流れに乗ることで大儲けになるかもしれないのです。

しかし、少し冷静になってください。実は「底打ち」はそのまま上昇を意味するものではないのです。

「なにインチキなこと言ってんだよ～」

と言われてしまいそうですが、底打ちをしても「底這《そこば》い」が続けば、株式投資で儲けを出すことは困難なのです。多少は儲けることができたとしても、それは限られたものです。

たとえば……日経平均が７０００円近辺で底打ちし、その後上昇、１万円を超えた、しかし、再び下落し8000円になった。それでも再び反騰し、1万1000円になった、しかし、またまた下落し1万円を割り込んでいる、というものです。

これを「底這い」といいます。

安値を割ることはないものの、大きな上昇をすることもない状態です。悪くはない相場展開ですが、なかなか大きな儲けにはつながらないのが実際のところです。私達はこのような状態を望んでいるのではなく、もっと大きな上昇を望んでいます。そして、これからどうなるのかについて日々関心をはらっているわけです。

今度は、それを判断する「よりどころ」が要ります。

「よりどころ」はやはり、人が活動をすることによって、理由はわからずとも、そうなることが多い過去の例から引っ張ってくるのがいいと思います。ここ数年来の新しい統計やアンケート程度のものではおぼつかないし、その信ぴょう性にも疑問を持ってしまいます。もっと古くから動きを示しているものを「よりどころ」にしたいと思います。

それは「サイクル（循環）」です。

何年かの周期で経済や株価が動いており、その動きを捉え投資の「よりどころ」にする考え方です。これもまた、それほど難しいものではありません。過去の動きからこの先の動きをシンプルに探ろうというものです。

有名なサイクルには以下のものがあります。

・コンドラチェフ・サイクル

旧ソ連の経済学者、ニコライ・コンドラチェフが提唱した約50年の周期を持つ景気循環のこと。技術革新に起因するものとされています。つまり、技術革新が約50年サイクルで起こり、その度ごとに景気が良くなり、再び落ち着き、次の技術革新で景気が上昇するというものです。

コンドラチェフ・サイクルは約50年周期。仮にこのサイクルがキッチリと景気循環を表しているとしても、実際にはまるで使いものになりません。あまりにも長期サイクルだからです。私達の寿命だってそんなに長いわけではないのです。

もう少し、短いサイクルもあります。

・クズネッツ・サイクル

アメリカの経済学者、サイモン・クズネッツが提唱した約20年周期の景気循環です。建設需要に起因するサイクルとされています。

・ジュグラー・サイクル

フランスの経済学者、クレメンス・ジュグラーが提唱した約10年周期の景気循環です。企業の設備投資に起因するものとされています。

10年や20年の周期の話だと、私達の株式投資にも使えるかもしれません。コンドラチェフ・サイクルに比べると随分ましです。

しかし、いずれの「理論」も、すべて「いわゆる経済活動」に起因しているのが気になるところでもあります。

・技術革新（コンドラチェフ・サイクル）
・建設需要（クズネッツ・サイクル）
・企業の設備投資（ジュグラー・サイクル）

それを基に組み立てられた理論なのであれば、投資家の発想では、「初めからその指標を見ておけばいい」となります。実際、企業の設備投資動向など毎月発表されています。ならば、10年周期でそれが循環することを重要視する以前に、毎月の指標を気にしていればいいことになります。

私は「よりどころ」にすべきサイクルはもっと、「なぜそうなるのかはわからないがそうなる」ものでなければならないように感じます。何かの経済指標を基に組み立てられた理論などではなく、すべての出来事を含んだものです。そして、いつがその起源かがわからないくらい古くから存在しているものです。

実は私達の身近なところにそれがあります。

いつがその起源なのかはハッキリとせず、しかもサイクルと捉えられる循環（何年で一回りなど）があり、さらに身近なものです。

「十二支《じゅうにし》十干《じっかん》」です。

「十二支」は、子《ね》・丑《うし》・寅《とら》・卯《う》・辰《たつ》・巳《み》・午《うま》・未《ひつじ》・申《さる》・酉《とり》・戌《いぬ》・亥《い》の12年で一回りするおなじみのものです。ちなみに2011年は卯です。

「十干」は、甲《きのえ》・乙《きのと》・丙《ひのえ》・丁《ひのと》・戊《つちのえ》・己《つちのと》・庚《かのえ》・辛《かのと》・壬《みずのえ》・癸《みずのと》の10年で一回りするものです。ちなみに2011年は「辛」です。

どちらも古代中国に起源のあるもので、「古代人が感じたサイクル」だとされています。動物名や漢字に特別な意味はないようです。

ちなみに日本では「十二支」の前に「十干」をつけるのが一般的です。2011年は「辛卯《かのとう》」となります。

私はこうした古代から綿々と続くサイクルには意味があると思っています。誰が創り出したものかはわかりませんが、時を経てもしっかりと存在しているからです。意味がないものであればそうはならないと考えています。

株価と「十二支十干」には面白い関連があります。特定の「十二支十干」に株価が上昇する傾向が強いのです。

まずは「十二支」からですが、戦後の東証再開（1949年5月）以来、すでに60年以上が経過していますので、「十二支」はそれぞれ5回、もしくは6回巡ってきています。

毎年初めの取引の終値を基準に、年末最後の取引の株価がどうであったかを率で表したものを「年間騰落率」といいます。仮に年初の日経平均株価が1万円で、年末の日経平均株価が1万1000円だったとすると年間騰落率は＋10％ということになります。

このルールで調べていくと、戦後5〜6回ある当該十二支時の平均年間騰落率の上位と下位がはっきりしてきます。株価が目立って上下する「十二支」と考えてください。

ベスト3は、

ベスト1・辰
ベスト2・子
ベスト3・卯

です。平均25％程度の上昇を記録しています。

これは大変なことです！　２０１１年は「卯年」で、その次の２０１２年が「辰年」ではないですか!?　1位と3位に位置する「十二支」のサイクルに入っているではないですか!?

逆にワースト3も見てみましょう。

ワースト1・午
ワースト2・丑
ワースト3・寅

です。ワーストでも興味深いことがわかりました！　日経平均株価がリーマン・ショック後の安値をつけたのは丑年（２００９年）で、その後、グダグダとした相場展開が続いたのが、寅年（２０１０年）なのです。そう見ると、すでに悪いサイクルから抜け出しているのかもしれません。

次に「十干」を見ていきましょう。「十干」は10個しかないので、西暦の末尾が常に同じものが巡ってくることになります。「庚の年の西暦末尾は常に『0』」、「辛の年の西暦末尾は常に『1』」という具合です。

同様に戦後の東証再開以来のベスト3とワースト3を見ていきましょう。

ベスト1・壬＝西暦末尾が「2」の年
ベスト2・乙＝西暦末尾が「5」の年
ベスト3・己＝西暦末尾が「9」の年
（15％〜30％くらいの上昇をしています）

ワースト1・丁＝西暦末尾が「7」の年
ワースト2・庚＝西暦末尾が「0」の年
ワースト3・甲＝西暦末尾が「4」の年

（5～7％の下落、「甲」は3％程度の上昇）

注目すべきはやはり、庚（＝西暦末尾「0」の年）が悪いということです。

ちなみに西暦末尾「1」の「辛」は第5位に位置しており、その次にベスト1の「壬」がやってきます。十干で見ても悪いサイクルとは思えません。

「十二支十干」のサイクルでは、いい時期に入っているといってもいいのではないでしょうか？

昔から株式市場では、

「辰巳」天井（2012～2013年）
「午」尻下がり
「未」辛抱
「申酉」騒ぐ
「戌」笑い

「亥」固まる
「子」は繁栄
「丑」つまずき（2009年）↑リーマン・ショック後の安値
「寅」千里を走り（2010年）
「卯」跳ねる（2011年）

といわれます。ここ数年の例を検証してみても、これらが長くいわれ続けていることには意味があると理解できます。

私は、「サイクル」からも、株価は上昇に向かっているのだと考えています。

4 すでに株価が示している「とばくち」

この章では、ここまで「黄金分割比」から見ると、日経平均株価は底打ちをしており、「十二支十干」でも、日経平均株価は上昇に向かうサイクルに入っているということを示してきました。

もうここまでで、「わかりますよね！　もうハッキリしていますよね！」と申し上げたいところですが、念には念を入れて、もう一つ検証してみたいと思います。

それは株価（日経平均株価）そのものです。

「株価の動向は株価から判断する」というものです。簡単な言葉で表現されますが、実際にはどのようにすればいいのかよくわからないという方が多いかもしれません。

実はとても簡単なのです。私は判断のやり方を「相場の特性を考え合わせた上で、直感的に考える」と理解し実践しています。

ますますわからなくなりますか？？？

そう言わずに次ページの「日経平均10年チャート」のグラフを見て、株価の動きを直感で感じてみてください。

かなり長期間にわたるチャートです。真ん中に「山」ができているような格好をしてい

■日経平均 10 年チャート

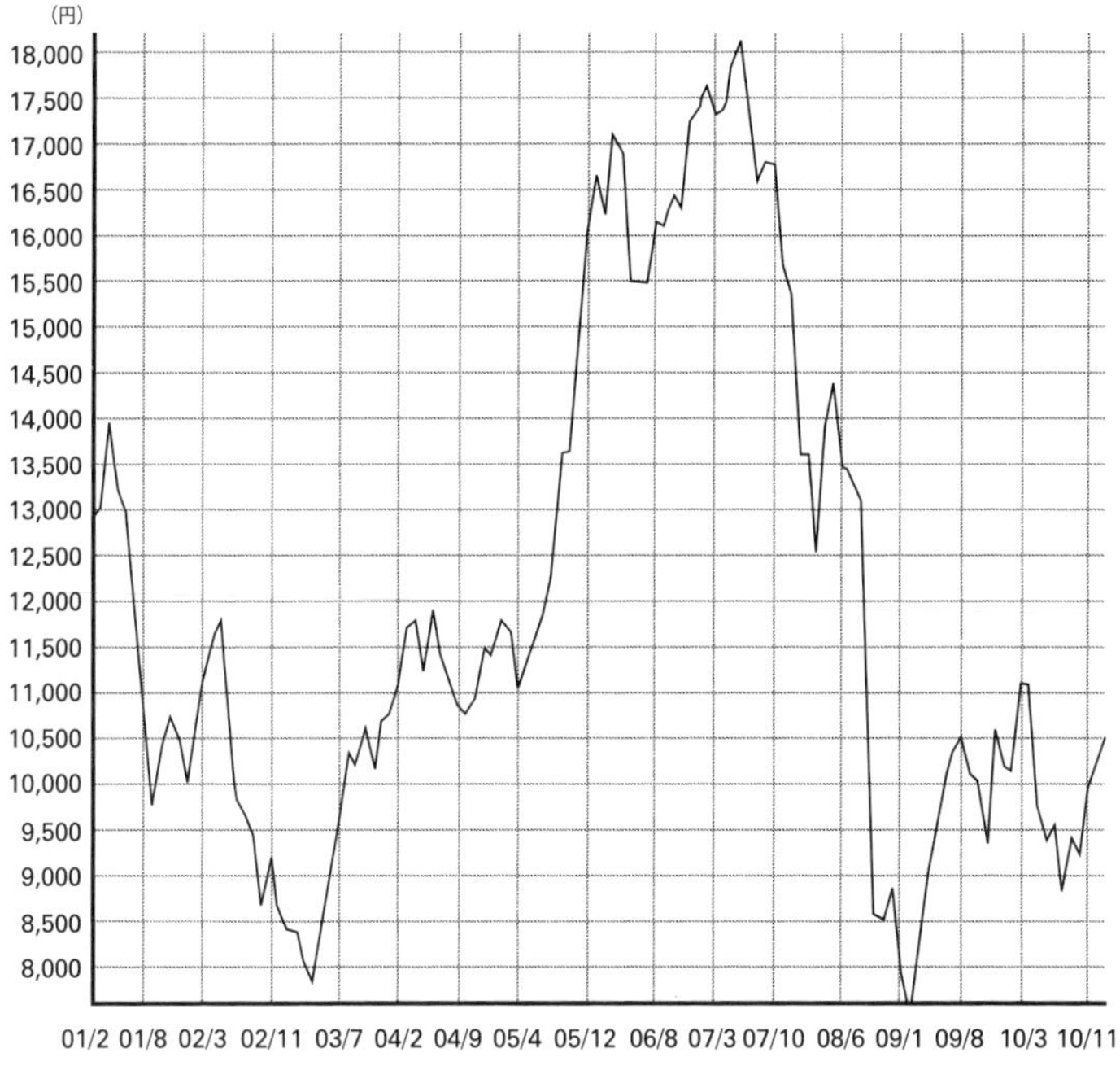

ます。右に行けば行くほど、最近の株価を示すことになります。

これを見てどのような印象を受けましたか?

多分、「2007年7月からの急激な下げ局面が終わり持ち直している。しかし、かつてと比べればまだまだ下の位置にある」と見た人が多いと思います。

それが正解だと思います。そのままです。

「馬鹿にするなよ!」という声が聞こえてきそうですが、それでは……私から質問をしてみます。

それは、

「みんなは今、株価に対し『下げ局面が終わり持ち直している』と考えていますか?」

というものです。

やたらと「日本はダメだ」との見方が多いように思います。「下げ局面が持ち直している」という見方は少ないように思います。もし大方の見方通りであれば、株価が底を打ったような形にはならないはずです。

株価は「みんな」の見方とは異なる動きをしているのです。これをどう考えればいいのでしょうか？

株式市場は多くの投資家がなんとか儲けを出そうと投資をしている場であり、それを反映したものが（構造問題はあるにしても）日経平均株価なので、進んでいる「方向」については間違うことがないのです。

「みんな」は、テレビのニュースでそう言っていたからとか、ある大学の先生がそう言っていたからとか、池上彰さんがそのように解説をしていたからということから、物事を見ているようですが、それと株価が一致するとは限らないのです。

株価そのもの、とりわけ今進んでいる「方向」には間違いがありません。

株価の位置については（とくに日経平均の場合）いろいろとケチもつきますが、「方向」は間違うことがないのです。

もし「上」に向かっているのなら、それはそのように判断するのがいいのです。

次はもう少し、最近の日経平均のグラフを見ていただきましょう（次ページ参照）。

さきほどと同様に、「直感」で見ることをしてみてください。

ほぼ2010年の値動きを表しているものです。

2010年は年明けすぐにアメリカの金融規制がありました。春ごろからは南ヨーロッパの国々の財政危機問題がありました。それに伴うユーロ安、さらには過去最高値に迫る円高（ドル安）もありました。

しかし、2009年3月の安値、7054円に近づくことはありませんでした。それどころか、夏以降、何があっても9000円近辺で反転する展開が続きました。

これはそのまま「買いに出る」投資家の存在を示しています。

だからことごとく9000円近辺で下げ止まるのです。

■日経平均１年チャート

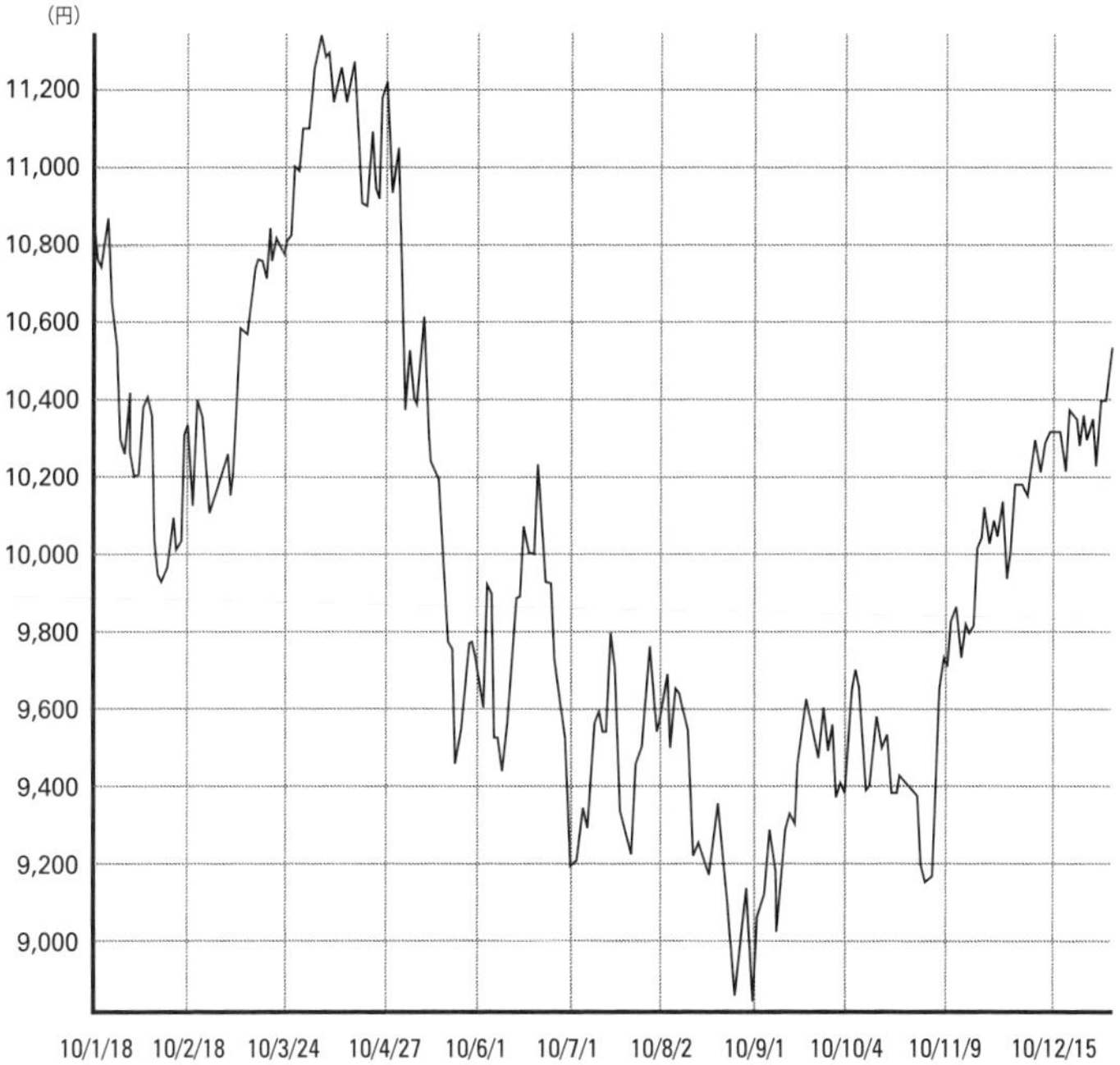

(円)
11,200
11,000
10,800
10,600
10,400
10,200
10,000
9,800
9,600
9,400
9,200
9,000
10/1/18
10/2/18
10/3/24
10/4/27
10/6/1
10/7/1
10/8/2
10/9/1
10/10/4
10/11/9
10/12/15

それが何度も続くと、今度は、その位置まで下げることがなくなってきました。みんなは「円高で日本企業がダメになる」と大騒ぎしていましたが、その間中、株価はなんということはない動きをしていたのです。

それどころか、２０１０年末にかけては、上昇する展開になりました。

それが投資家の判断であり、株価の動きです。「みんな」の判断とはかなり違うのです。

私は「みんな」より株価を信じます。

そして、多くの投資家が儲けを出そうとしている場所であるがゆえ、「下がらない」ことが「上がること」につながることも理解できます。

人より先に買わないと、人より大きく儲けるチャンスを失うからです。これが株式市場の特性です。

株価そのものから判断すると、少なくとも足元で、「下」になど向かっていないと見ることができます。誰にも文句のつけられない事実です。

第3章

株の絶対王者に必要とされる今の意識

1 決定的な出来事を契機に変化することを知る

本書ではここまで、「日経平均のこと」「市場全体のおおまかな動き」を私なりの見方でお話ししてきました。この章からはもちろん「実際の投資にまつわる話」を展開していきたいと思います。

これから先、どれだけの時間が経とうとも、どのように周囲の環境が変化していこうとも、自らそれに気づき、認識し、それを現実的な利益（お金）に換えていくものの見方や、広い意味での「力」をつけていただければと考えています。

・変化に気づくこと
・それに乗っかること

この二つが利益を生み出すものと考えています。そして、一度「変化」が起こると、流れが生じ、その流れはそう簡単には止まらないものだということも付け加えておきたいと思います。大きな流れは一朝一夕には変化しないのです。だからこそ「変化」には早く気づかなければならないと考えています。

今の「流れ」とは何でしょうか？　もちろん株式市場の流れのことです。

ネガティブなことではなく、株式市場を活発化させる可能性を秘めていることや、実際に株価を押し上げていることを考えてみてください。実は、すでに本書でもここまでで、ヒントがいくつも出てきています。

・新興国の経済発展

やはり一番に挙げられるものだと思います。中国はもちろん、東南アジア諸国、インド、ブラジル……ロシアなどもそれに入ります。

「中国関連株」や「アジア関連株」などと株式市場ではやされる銘柄はたくさんあります。

「コマツ」「いすゞ自動車」などもそうです。

これらは新興国の経済発展の恩恵を受けるものがほとんどです。業績も向上していますし、投資家の注目も浴びます。だから株価が上がるのです。

では、この「流れ」はどこから始まったのでしょうか？

この質問をされた時に、「新興国の経済発展が目覚ましくなったのはいつか？」という風に考えられたとすれば、それは私の意図するところではありません。

私の質問の趣旨は「新興国の経済発展が日本の株価を動かすようになったのはいつか？」なのです。


とても「大きな質問」です。

ハッキリいつからだと指摘できるものかどうかも……。

私には「あれこそが決定的な出来事だった」と思えるものがあります。特定の日ではありませんが、特定の出来事といってもいいことです。それをここで披露してみることにします。

それは２００９年2月2日から26日まで「フィスコ」の株が18営業日連続ストップ高になったことです……（ちなみに18営業日連続ストップ高は今のところ日本記録です）。

「？？？？？？」でしょうか？

一体何を言っているのかわからないという方もいると思います。「フィスコ」という会社も一般的にはあまり知られていない会社です。

出来事の顛末《てんまつ》と私の受け止め方を説明していきます。

「フィスコ」とは金融関連情報を証券会社など法人向け、さらに個人向けに発信している会社です。現在は（三つの新興市場が統合された）ジャスダック（ＪＡＳＤＡＱ）市場に上場されていますが、２００９年2月当時は大阪証券取引所のヘラクレス市場という新興市場に上場されていました。上場は２００６年6月、社員は40人くらいの会社です。証券コードは３８０７です。現在、「継続前提に疑義」が注記されている銘柄なので、業績や財政状況は推して知るべしというところで。

２００９年２月は、その後３月にリーマン・ショック後の安値をつけるわけですから、株式市場の環境は最悪でした。今以上に、「世界恐慌に陥る」や「○○が破綻する」と喧《けん》伝《でん》されていた頃です。アメリカやイギリス、ドイツ、日本など先進国は確かに金融パニック寸前だったかもしれません。他方、すでに経済成長が目立つようになっていた新興国においても、先行きが危ぶまれました。新興国は経済発展を続けていたものの、その恩恵を受けることができていなかった時期と表現することができます。

そんな中、フィスコ社の株がストップ高を連発しだしたのです。ただ、新興市場のマイナーな銘柄の動きだったのでそれほど注目されていませんでした。

２００９年２月２日　１万４０００円（＋２０００円）
２月３日　１万６０００円（＋２０００円）
２月４日　１万８０００円（＋２０００円）
２月５日　２万００００円（＋２０００円）
２月６日　２万３０００円（＋３０００円）

さすがに1週間（5営業日）連続してストップ高になると、注目を集めるようになりました。多くの市場関係者や投資家が「何だ？　何があったんだ？」と驚いていました。
週が明けてもその勢いは止まりませんでした。

2009年2月9日　2万6000円（＋3000円）
2月10日　2万9000円（＋3000円）
2月12日　3万2000円（＋3000円）

と、ここでフィスコ株に関するニュースが飛び出しました。それは関東財務局に提出された「大量保有報告書」に「チョウ・ヒジュン」という40代の個人投資家がフィスコの発行済株式の10％超まで買い進んでいることが記されているというものでした。保有目的は「経営参画」とされていました。つまり「チョウ・ヒジュン」というアジア人（韓国？中国？）であろうと思われる個人投資家が経営参画目的でフィスコ社の株を買い進んでいるということです。

それが判明した後も、フィスコの株はストップ高を続けました。

２００９年２月13日　３万６０００円（＋４０００円）
２月16日　４万００００円（＋４０００円）
２月17日　４万４０００円（＋４０００円）
２月18日　４万８０００円（＋４０００円）
２月19日　５万２０００円（＋４０００円）

この過程ではチョウ氏がさらに買い増しているとの情報も伝わりました。

２月20日　５万７０００円（＋５０００円）
２月23日　６万２０００円（＋５０００円）
２月24日　６万７０００円（＋５０００円）
２月25日　７万２０００円（＋５０００円）

2月26日　8万2000円（＋1万円）

2月27日に7万2000円と急反落するまで、実に18日間も値幅制限いっぱいのストップ高を続けたのです。当初4億円程度でしかなかったフィスコの時価総額は24億円余りまで膨れ上がりました。

なんだかよくわからない動きです。正直申し上げていかがわしさも感じてしまいます。しかし、私はこの一連の動きを見ていて、ある変化を感じていました。

ちなみに、「チョウ・ヒジュン」なる個人投資家（なんと東京都港区在住でした）は、その後、ある新聞のインタビューにも答えていますが、素性はハッキリしていません。そして現在は大株主ではないようです。

本来、ある特定の株が急激な値上がりをしている背景や、買っている投資主体がわかれば、株価の動きは反転することが多いのです。フィスコ株の件についても、投資主体がわかれば反転（急落）するものと思っていました。しかし、株価は値上がりし、ストップ高を続けたのです。もちろん、初期の段階ではチョウ氏自身が買い進むことでストップ高になったものと思いますが、チョウ氏の存在がわかってからは、他の投資家も参入したものと考えられます。そうでなければ、18日間もストップ高が続くことなどないのです。

私が感じた変化とは……「アジアに過敏に反応するようになっている」というものです。

もちろんフィスコの株は時価総額が小さい、軽量級の銘柄だったことも急激な値上がりの背景の一つだと思います。トヨタ自動車やＮＴＴドコモではこうはなりません。

しかし、それにしても……18日連続ストップ高とは……あまりにも……。

私は「アジア人」の名前が大株主に（急に）出てきたことが、18日連続ストップ高の理由だと思いました。

これが「ロバート・ブラウン」だとか「ジェームズなんちゃら」とか「フランソワーズ

なんちゃら」とか「フィリップなんちゃら」という西洋人の名前だと、こうはならなかったように思います。あ、もしかすると「セルゲイなんちゃら」というロシア人を想起させる名前だと「チョウ氏」と同様のことになっていたかもしれませんが……。

低迷する日本の株式市場の中で、「アジアの資金が日本企業を買い占めにきた」と捉えられたのではないかと思います。「これまでにない新しい資金が日本に流れ込んでくるのでは？」というものです。

新しいことに株式市場が反応するのは当然です。

もちろん、それまでにも「アジアの資金が日本市場に入っている」との観測はありましたが、足元の株式市場は低迷を続けていましたし、実感がありませんでした。それどころか「どこまで下げるのか？」という恐怖感が先に立った時です。

それでも、「アジア人の名前」で、18日連続ストップ高という日本記録を作るくらいの反応をしたのです。

私はこの一件を、「変化が顕著に表れたこと」と認識しました。

2 実体経済など気にしていては仕事にならない

少し話が変わりますが、長く頭の中に刷り込まれたことは、なかなか変えることができません。少なくとも私はそうでした。

実はそれで苦労した経験があるのです。

それは、株式市場が目の前で動いている（この場合は上がっている）様子を見て、

「でも、実体経済は良くなっていない」

と必ず口にしてしまうことです。それは目の前の株式市場の動きに乗り遅れたり、取り逃がしてしまうことにつながります。私も「株式市場は実体経済を完璧に映している」と

いう呪縛《じゅばく》から解き放たれるまで相当の時間を要しました。

なにしろ、「日本はこの20年間ずっと景気が悪い」と信じている人が多い世の中ですから、仮に自分が「良くなってきたんじゃないか」と考えたとしても、周囲の人に「いやまだまだこんなに悪い」という材料をつきつけられると、それに同調してしまうかもしれません。

ましてや、その「周囲の人」が、学歴もあって、世間体のいい職業に就いている人ならなおさらです。自分の考えを曲げてしまうことになると思います。

ところで「実体経済」とは何でしょうか？

企業業績、個人消費、それを映すとされる経済指標、失業率などを「総合的」に判断したもの、さらにはＧＤＰの推移そのものと捉えられているかもしれません。

そして、それが良くならないと株価も上がらないという判断をする人が多いものと思います。

株価は「実態を表す」という考え方です。

私は是非、この考えから脱して欲しいと願っています。株価が「実態」を映すものだという考えから是非、脱して欲しいのです。

株価は毎日上下しているのです。

実体経済が良くなろうと悪くなろうと株価は毎日上下しているのです。そう考えると、日々の株価はちっとも実体経済を映していないということにならないでしょうか？

別の視点からも話をしてみます。

それは、「株価を動かしているのは誰か？」という視点です。

答えは「投資家」です。そして投資家にもいろいろなカテゴリーがあります。大きく分けると「機関投資家」と「個人投資家」です。機関投資家は組織です。銀行や生保やファンドなどもあります。個人投資家は私達のような投資家です。

そして、機関投資家の中には「外国人投資家」もいます。いますどころではなく、東証

1部の売買代金の約半分は外国人投資家が占めているのが現状です。

果たして彼らが多くの日本人と同じ感覚で投資をしてくるでしょうか？

私の理解は、「外国人投資家は儲けに対してものすごくシビア」というものです。もちろん、外国人投資家も一つではなく、それぞれ異なる視点を持っていますが、おしなべて動きが早いイメージがあります。そして、少しの値動きでも儲けを狙ってきているように思います。実体経済にも気を配っていますが、そればかりではなく、「株式市場内部の需給関係」や「国の制度変更」や「企業統治のあり方」などに（日本人と比べ）敏感だと感じています。

・需給関係
・制度変更
・企業統治のあり方

これらは、さきほど書いた「実体経済」、とくに日本人の「みんな」がイメージしているものとは異なるように思います。

こんなことに敏感な投資家が売買代金の半分を握っていて、さらに動きが早いのです。日本人的な感覚ではやられてしまう可能性もあります。

私はこれがよくいわれる「グローバルな感覚」だと捉えています。英語やフランス語や中国語が話せることがグローバルではないと思います。

実体経済はそれとして、儲けを出すために株式市場において、どのような動きをすればいいのだろうか？　彼らはそのような視点で投資をしているように感じます。そうでなければ仕事（投資）にならないからだと思います。

もう一つ気をつけなければならないことを書いておきます。それは「景気が回復し始めると失業率の高さがやたらと報道される」というものです。

今、日本の失業率は５％ほどですが、確かにそれはかつてと比べて悪い数字です。それはそうです。

しかし、失業率は数ある「実体経済」を映すものの中でも、もっとも遅い指標なのです。

「遅行指標」といいます。

つまり、景気の回復局面においても、最後に上向いてくる指標だということです。業績が回復しても、企業はすぐに人員を増やすことがないことからそうなるのです。

そして、「失業率はまだ悪いです」と、しきりに報道されるのは、「それくらいしか悪いものが見当たらない」からです。

景気が悪い時、その方向に向かっていく時に「こんなに景気が悪くなりました」とガンガン報道していたのですから、報道する側も急に「こんなに良くなりました」とはならないのです。最後の最後まで「悪いもの」を探し、ひねり出して「まだ悪いですね」とやります。意固地ともいえるものです。

なにしろ、もっとも遅い指標が「失業率」ですから、もしかするとそれが上向いてきた時は、「景気回復が一服」する時かもしれないのです。

株価は、先頭を走るものですし、そもそも「企業」の株を売買する行為なので、失業率を絶対的な基準に動くことなどないのです。

もしかすると、失業率好転時には「天井」をつけてしまう恐れすらあります。

是非、「実体経済を気にする日々」から抜け出してください。それを気にしていると株式投資ができないのです。

すべての条件が揃《そろ》うことなど100年生きても見ることがないと思います。

「どうかな、大丈夫かな、失敗したらどうしよう……でもいけるかもしれないな……」という中でやるのが投資で、そうでなければ大きく儲ける可能性もないのです。

3 いいところに集中的にカネを投じる

この章でしきりに書いていることは、つまり「日本株は上を向いている、早い段階からガッチリと儲けていく」と決心した時でさえ、躊躇《ちゅうちょ》したり、疑問に感じてしまうこと、さらには脳裡《のうり》に焼きついているけど株式投資の役には立たないことを、私の経験や研究成果から一つ一つ潰《つぶ》していると考えてください。

もうすでにおわかりかもしれませんが……。

でも、わかっていてもやってしまうことが多いので、是非、次のことも頭に置いて欲しいと思います。

それは「分散投資などしている場合ではない」というものです。

今の今でも「資産を分散させるべき」と薦めるものを多く見かけます。私が日ごろから苦々しく思っているものです。

なぜ分散などしなければいけないのでしょうか？

資産を一つのものに集中させておくと、それが値下がりした時に大きな損失を被ることになるので、分散して大きな値下がりリスクを小さくするため……らしいです。

しかし、リスクとリターンは背中合わせの関係なので、仮に分散投資をすることでリスクを（理論上）小さくできたとしても、それはリターンも小さくすることを意味します。私はそれでは投資をする意味が半減するように感じます。

リスクを小さくすれば儲けられる訳ではありません。いろいろな金融商品に分散するなど、年金運用などを模した「ままごと」でしかありません。個人投資家のやることではないと考えています。年金の運用のように途方もなく巨額で、さらに「清算」されることなく、半永久的に継続されるものとは訳が違うのです。

はっきりと申し上げておきましょう。

投資には運や不運、さらにはタイミングの良し悪《あ》し、つまりは「勝負」のような側面があります。それらの支配から逃れることはできません。リスクがフリーの状態で、大きくリターンを得られることはないのです。

だから大きく儲けようとするとリスクを取ることになります。それでも必ずうまくいくとは限りませんが、可能性はあるのです。

リスクを取れない、取りたくない人は株式投資など無理にすることはないのです。どれだけ株価が上昇する気配が濃厚でも、それは確実ではないのです。「絶対」ではないのです。

いい時、いいところに集中的にカネを投じることによって初めて、目の覚めるようなリターンが得られます。

さて、それでは「いよいよダメだ」という局面が来た時、あるいはダメになりそうな気配がやってきた時にどうすればいいのでしょうか？

もしかしたら、これこそが「究極のリスクヘッジ（回避）」かもしれません。

本書の第2章で示したことを思い出してください。そうです。「バブル崩壊は60％ちょいで下げ止まる」というくだりです。バブル崩壊だとわかっていながら、最後まで保有し続けた人は60％の損失を被ることになります。

個別銘柄の場合はもっと下げるものが出てくるかもしれません。しかし、途中で、たとえば10％のところで「駄目だ」とあきらめ保有していた株を投げ売った人は、10％の損にとどめることができます。

「損切り」というものです。

10％の損はしたものの、それで損を止めることができるのです。良かったのです。

「馬鹿なこと言うな。損してるじゃないか」

と思う方もいると思います。そう思う方はもしかしたら、まだ株式投資をやったことがない方かもしれません。

一度も損することなく株式投資を長く続けることはできませんよ！

人生の半分くらいを株式投資とともに生きている私が言うのですから信頼度抜群です！

10戦10勝はありません。
株価の先行きを完璧に捉えることはできませんし、振り返れば長期的に右肩上がりの中でも、短期的には下げる局面があります。また、たまたま買っていた銘柄だけがなんらかの理由で下げることもあるのです。

損したり、儲けたりの繰り返しです。

集中的に資金を投入しているとなおさら、「損切り」が重要になります。損をしてでも、仕切り直したほうがいい局面があります。「うまくいかない時」「うまくいかない株」にぶち当たるということです。そんな時には、「損切り」をして仕切り直すことです。

私は8〜10%損をすると、投げてしまいます。そして、次の投資（銘柄）に向かうようにしています。

これからのように、株式市場の動きが強くなるだろうと思える時ですら、このルールを変えるつもりはありません。

これは絶対のルールだと強く意識しています。私は、そうでなければ株式投資を長く続けることができないし、ましてやドカンと儲けることができないことを知っています。

なぜなら、どれだけいい局面が続いても、それはいつか終わるからです……。


こんなことを読まされると、まるでこれまで膨らんでいた風船がシューッとしぼむようにテンションがダウンするかもしれません。

でも、「いつか終わる」のは事実です。これまでもそんなことが続いてきましたし、これからもそうだと思います。

でも終わるまでは終わらないのです。しかし、終わりについて認識しておかなければならないのです。「終わり」などという言葉を使うとドギツク聞こえますが、ビジネスの世界でよく使われる「クロージング」という言葉を持ってくるとどうでしょうか?

かなり柔らかくなった印象を受けます。

「クロージング」を意識せずにスタートすることなどないことはご存知だと思います。

4 取れるだけ取って、逃げるのがいい

「大底は買えない」ということも意識しておいたほうがいいでしょう。これと対になる言葉に「大天井は売れない」というものもあります。

「大底は買えず、大天井は売れない」

ということです。株価が一番安い時は決して買うことができず、一番高い時は売ることができないというものです。

これも必ず心に置いて欲しいことです。偶然「大底」や「大天井」にヒットする可能性はありますが、狙ってできるものではありません。

しかし、大底の少し前や後で買ったり、大天井の少し前や後で売ることは可能です。そのためには次のことを強く認識してください。

「自分は特別な人間ではない」
「自分は前人未到の存在ではない」

特別で前人未到の存在でない限り、株価の転換点を見事に当てることはできないので、必ず、振り返って株価が上昇し始めた後（前の場合もありますが）に買うことになり、逆に株価が下落し始めた後（前の場合もありますが）に売ることになります。

現在の株式市場になぞらえると、つまり、「少しばかり株価が上がっているからといって残念がることはない」ということにもなります。２００９年の3月の日経平均が７０５４円まで下落した時に、「ここが底だ」と決め打ちして株を買うことなどできなかったはずです。だけど、今も株価は決して高くなどないのです。

「みんな」の動きはいつも遅いので、「みんな」より少しだけ早ければ大丈夫だと私は考えています。「みんな」は今もグダグダしています。なにしろ日本は「経済ダメポ国家」

で、日本の株式市場は「ダメポ市場」だと信じているのです。

私達は外国人投資家のように思考し、振る舞い、投資をすることで笑うことになると考えています。

大底では買えないけれど、「みんな」より早く買うことはできるので、次の段階としては、「みんな」が買ってくる時に売ることもイメージしておいてください。そしてその一連の動きは一度きりのことでもないので、何度もそれを繰り返していくイメージです。

そうなると「みんな」がいつ動くのかを知ることがキーポイントになりますが、実はそれを知ることは難しいことではありません。

「みんな」が株に対して強気になる時です。

比較的長期間続くと思います。株式市場は投資家が動かしているので、経済指標などで測るものではないと思います。「みんな」が強気になった時にさらに上がり、「みんな」が強烈に強気になったところで、天井をつけることになります。買いたい人がすべて買ってしまえば、上値を買う存在がなくなるので、株価は上がらなくなります。みんなが売るタイミングを計っていると、株価が上がらないのは当然のことです。

だから、大天井の時に「みんな」は一番の強気で株価に期待することになるのです。

私達は「みんな」が弱気でいるうちに株を買い、「みんな」が強気になると株を売るのです。そして、それを何度も繰り返していくのです。

株式市場には「物色の流れ」というものがあります。「物色」とは投資資金が特定のセクターや特定の銘柄を買う動きのことです。全体の相場が強い動きをしている中でも「より強い銘柄」「そんなに強くない銘柄」という具合に現れます。

その流れにもついていかなければならないので、売買を繰り返すことになります。一つの株だけをずっと持ったままという投資のやり方では、思うような利益が出ない可能性があります。

少し忙《せわ》しくなりますが、お金儲けのためですからなんということはありません。調子づいてくれれば気にもならなくなると思います。

取れるだけ取って（儲けるだけ儲けて）、あとは逃げる（売る）のです。

それでいいと思います。

株式投資はお金を儲けること以上の意味や意義を求めるものではないと考えています。また、そのプロセスを問われるものでもなく、結果がすべてです。

だから「みんな」と同じことをしていると儲からないことになるのです。「みんな」は動きが遅いだけでなく、意味や意義にこだわっているように思えます。これだけドライな世の中になっても、どこか「プロセスが大事」という意識が残っているように思います。しかしそれだと「儲からなくても（気持ちが）満足できればＯＫ」というとんでもない真理が導かれてしまいます。

それでは困ります。やはり儲けてこそです。

大底は買えず、大天井は売れないけど、充分に儲けを出すことはできる。

それは「みんな」より少しだけ早く動くことで達成される。

是非、このように認識してください。

次の章では、いよいよ「何を買っていくべきか？」について、具体的な銘柄を挙げてお話ししていくことにします。

第4章

局所バブル株に乗る方法と具体的な銘柄

1 私はバブルの匂いを感じています

日本株上昇のエンジンになりそうなのが、中国をはじめとする新興国の経済発展であることは今さら言うまでもないと思います。それらに関わる銘柄の中にはすでに株価が上昇しているものが多くあります。

私は、これからの日本の株式市場は「銘柄間格差」がより一層生まれてくると考えています。上がる銘柄と上がらない銘柄の差がさらに大きくなってくるだろうとほぼ確実視しています。

もちろんそう考える、そう見る端緒はすでにあります。2010年の急激な円高局面を覚えているでしょうか？　15年ぶりに1ドル＝80円台にまで円が買われ、ドルが売られた局面です。

円高局面では輸出企業の売り上げが目減りし、利益が出しづらくなると捉えられるので、「輸出型企業」の株は売られることになります。これがセオリーです。

しかし、実際にはそうはなりませんでした。それどころか、どちらかというと内需型の株が売られ、輸出企業の中には（すべてではないものの）、株が買われるものまで出てきました。

不思議です……。

いや不思議ではありません!?

急激な円高局面で、輸出企業の売り上げは目減りしました。それはそうなのですが、その目減りを埋めてしまうほど「数量増」が見込まれることが、２０１０年度の中間決算で明らかになってきたのです。つまり、「悪くなると思われていたのに、そうでもない。それどころか、良くなった」ということが明らかになってきたのです。株価はそれを先取りしていたのです。

輸出企業の決算書には判で押したように同じ文言が記されていました。

「円高での目減りを中国への輸出数量増がカバーし……」

「アジアでの好調が、国内の不振を上回り……」

多くの輸出企業が口裏を合わせたかのように一致していました。


これは「みんな」が受け止めている以上に「大きなこと」ではないでしょうか？

もちろん、あちこちで「（とくに）中国の経済発展の恩恵を受けている件」については解説がされていますが、私が感じているものはそんな程度ではありません。


感じているのは日本株がバブルになるのではと感じられるくらい強烈なものです。

私は株価の動きから、今がその「とばくち」であると感じずにはいられないのです。


1年半前、私は『ゴールド・ラッシュ』（幻冬舎刊）という金（GOLD）に関する本を上梓《じょうし》しました。その中で私は「金価格は1オンス＝1500ドルになってもおかしくない」と言い放ちました。その当時の金価格は1オンス＝700〜800ドルでした。そして、2010年中に金価格は1400ドル超えを達成しました。当時、誰も考えなかったことが現実となったのです。株よりもボラティリティ（変動）の小さい金価格が2倍になるなど（いい意味での）バブルといっていいかもしれません。

それを事前に、もしくはリアルタイムで感じ取る、さらにそれに乗って投資で儲けるには通り一遍の考え方では難しいと思います。

ほぼ「みんなと逆」の考え方をしなければならないでしょう。

今、「みんな」は中国の経済発展が、そろそろ終わりになると考えだしているようです。中国共産党が2011年の金融政策を約2年ぶりに緩和路線から、引き締め路線に転換することを決めたことがきっかけになったようです。確かに、中国では消費者物価の高騰が続いています。1－9月期の実質GDP成長率は前年同期比10・9％にも達しインフレの芽が出てきています。

それに対応すべく、2010年10月には2年10カ月ぶりに政策金利を引き上げました。このほか銀行窓口でも融資抑制を強化するよう指導が徹底されています。主要な株価指数である「上海総合指数」も、金利引き上げ以降、調整色を強めているように思います。

上海総合指数の動きは次ページの通りです。

もしかすると「みんな」は金融引き締めの目的にまで考えが及ばないのかもしれません。中国共産党が金融引き締めと同時に打ち出した「あること」も知らないようです。

金融引き締めの目的は、景気の拡大を終わりにしてしまうことではありません。できるだけ過熱感が出ないように金融政策で調整して、できるだけ長く景気拡大を継続させることを目論むものです。もちろん、それがうまくいくかどうかは中国共産党にも確信などありませんが、私は上海総合指数が２０１０年10月の金融引き締め以降、暴落とはなっていないことから、概《おおむ》ね中国の今回の金融引き締めはうまくスタートしたと見ています。すべて株価の動きから判断しているのです。

まだまだ、中国の経済発展の恩恵を受ける日本企業がどこなのかを考える時ではないか

■上海総合指数のチャート（6カ月）

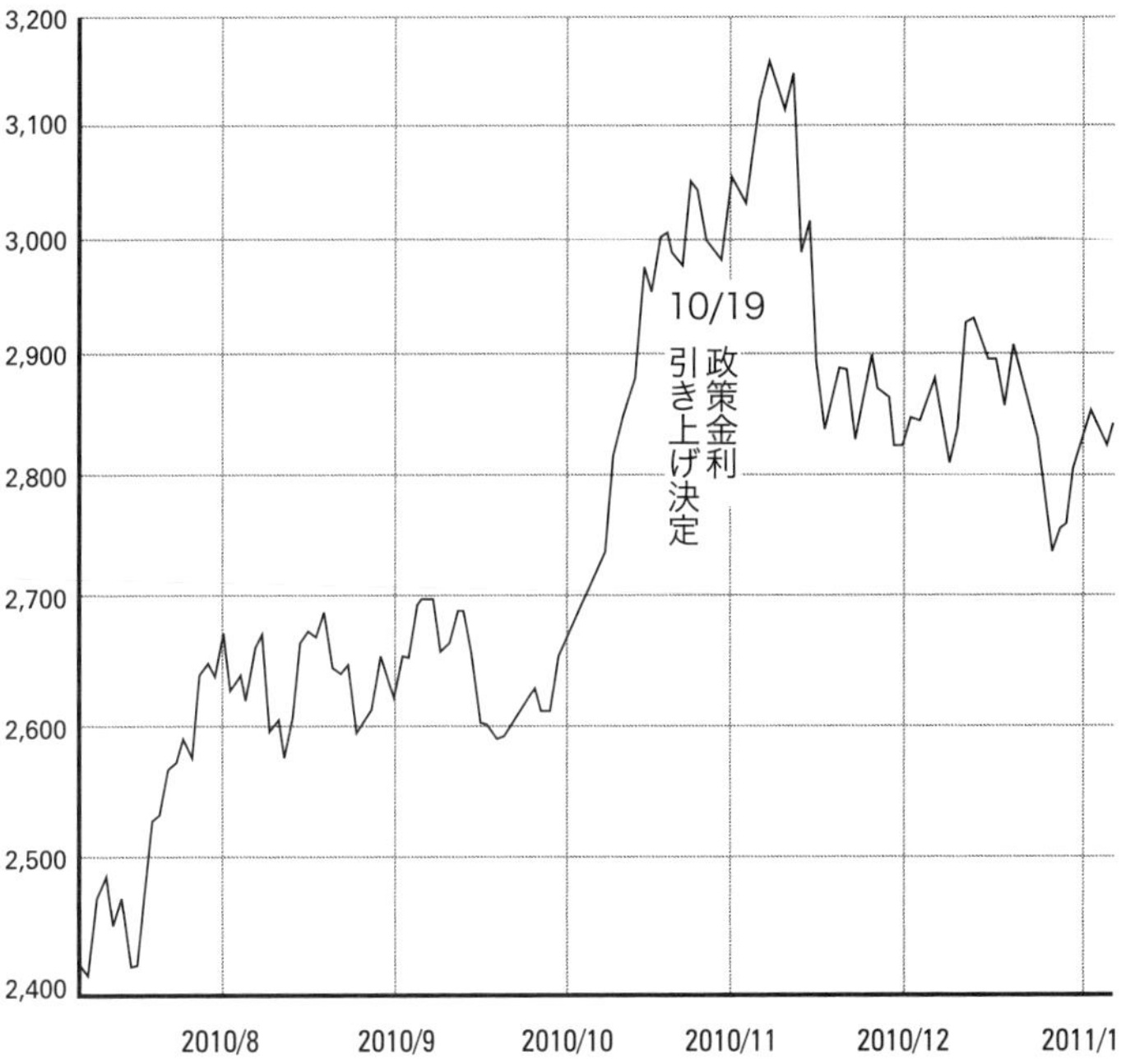

と思います。それがこれから来るかもしれない日本株上昇の先頭を走るのではないかと考えています。いや、もしかすると「そればかりが上がる局面」になるかもしれません。投資資金は「新しいもの」「時代の流れに乗っているもの」を探し、投資家は「上がっているものをさらに買い上げる」傾向があるからです。

そう考えると私達が真っ先に手をつけなければならないことは、シンプルに中国の経済発展の恩恵を受ける、受け続ける銘柄をはっきりさせるということになります。もしかすると、そうでない銘柄との間には、びっくりするくらいの「株価格差」が生まれてしまうかもしれません。

私は金価格の上昇を予言した時と同じ「匂い」を感じ取っています。この感覚は何かの数値や指標で説明できるほど簡単なものではありません。もちろん「みんな」が感じる類《たぐい》のものでもありません。

投資家だからこそ、投資家ならではの「独特なもの」だと思います。

この項目の最後に、前回の中国の利上げ時（貸出基準金利）に中国とアメリカ、日本の株価指数がどのような動きをしたかを挙げておきます。前回の中国の金融引き締めは２００４年10月29日から２００８年９月16日までです。

（すべてＳ＆Ｐ指数。Ｓ＆Ｐ指数は、アメリカの格付会社スタンダード＆プアーズが算出している指数）

中国　＋71・６％

アメリカ　＋20・１％

日本　＋８・７％

今ほど「中国経済拡大の恩恵」がいわれていた時でもありませんでしたがこの結果です。今後のことを考える上での参考になると思います。

2 これからも中国の経済発展の恩恵を受けるものを探す

中国の経済発展の恩恵を受けるものを探す時には、「中国がどんなことを目標としているのか」を頭に入れておかなければならないと思います。私は正直申し上げて、スローガン的なものは好きではないのですが、それでも何も知らないままでは、これまた話にならないので、ここで説明を加えておきたいと思います。

2010年10月15日から18日にかけて行われた中国共産党第17期中央委員会第5回全体会議（5中全会）では「第12次5カ年規画策定に関する中国共産党中央建議（草案）」を採択しました。第17期とか第12次とか、一体いつから始まっているのだろうかと思うような数字が並んでいます。

この草案では、5カ年計画（規画）において「経済発展方式の加速転換」を背骨として、改革開放をさらに進め、民生の保障と改善にも尽くす考えが述べられています。

草案は12章で構成されています。

1章　経済発展方式の転換を加速、科学的発展の新局面を作り出す
2章　内需拡大路線に注力、経済の安定的かつ比較的早い発展を保つ
3章　農業現代化を推進、農村建設を加速
4章　現代産業システムを発展させ、産業の核心的競争を向上させる
5章　区域の協調発展を促進し、都市化を積極的かつ安定的に推進
6章　資源節約・環境友好型社会の建設を加速、生態文明の水準を向上
7章　人材強国戦略を推進、創造力に富む国を建設
8章　社会建設の強化、基本的な公共サービスシステムの建設
9章　文化の発展を推進、文化のソフトパワーを向上
10章　改革を加速、社会主義市場経済体制を完備
11章　お互いに有利な開放戦略を実施、対外開放の水準を高める
12章　国民団結で計画実現への奮闘

この草案は具体的な数値目標が決められ、２０１１年3月に開催される「全国人民代表大会（全人代）」（日本の国会に当たる）に提出、承認される運びですが、前回の5カ年計画にはなかった新しい部分があります。

1章は基本中の基本のようなもので、方向を示しているにすぎませんが、2章からが比較的具体的なものです。そして、そのトップに「内需拡大」という文言が飛び出してきました。

国内の需要（消費）を拡大させるというものです。

これまでトップには「農業政策」が位置するのがお約束でしたが、今回は違います。ここから内需拡大、消費拡大に対する中国政府の意気込みが伝わってきます。

足元、問題となっている「不動産価格高騰」については5章の「区域政策」で述べられています。先に紹介したトピックスに続いて、「都市化をスムーズに推進するために、不動産市場の秩序を保ち、投機需要を抑制し、不動産業の安定的な発展を推進する」とされています。

11章は、つまり対外政策が述べられていますが、貿易面でこれまでの輸出重視から貿易収支均衡を目指す旨、記されています。

これだけでも、中国がどこに向かおうとしているのかがわかるのではないでしょうか？私は「内需拡大」の文言にピンときています。

このほか、今後20年にわたる長期的な産業計画である「戦略的新興産業」として七つを挙げています。

・省エネ・環境保護産業（高効率・省エネ設備など）
・次世代情報技術（通信・放送・インターネットの融合など）
・バイオ（医薬、農業）
・ハイエンド装置製造産業

・新エネルギー（原子力、太陽光、風力など）
・新材料
・新エネルギー自動車（ハイブリッド自動車、電気自動車、低排出ガス自動車）

ここは日本とそれほど変わらないものと思います。

ここまでこの先の中国の向かう方向などを見ることで、もしかしたらみなさんの頭の中には「あ、この銘柄（日本企業）が恩恵を受けるのではないかな？」というものが浮かんできたのではないでしょうか？

ここで挙げていることは極めてシンプルなことばかりです。「第12次5カ年規画策定に関する中国共産党中央建議（草案）」などといっても、誰にも想像がつかない項目はないと思います。

3　中国売り上げが多い企業は普通に得をする

実際に中国経済発展の恩恵を受ける企業を探っていきましょう。まずは、とても単純なものです。それは「中国売り上げ比率が大きい企業」です。

中国経済が発展していけば、中国での売り上げは伸びるものと考えられます。そして中国での売り上げ比率が高いのであれば、当然、その企業に対するインパクトは大きいものになります。

じゃあ、中国売り上げの比率の高い企業の株を買おう！　そうしよう！

と思われたことでしょう。しかし、ここにも少し「壁」があるのです。実は、日本の上場企業の中で「中国での売り上げ」を公表している会社はそれほど多いわけではないのです。私達は、公表されていないことを知ることはできません。しかも、数千もある上場銘柄の中から、どの企業が中国売り上げを公表していて、さらにどの企業の中国売り上げ比率が高いのかを判明させるのはとても骨の折れる作業です。

ということで私がここにそれを挙げておきます。２０１０年３月期の会社発表を基に、さらに中国売り上げ比率が全体の売り上げの20％を超えるものを抜き出しています。

・SJI（2315・JASDAQ）

中国留学生が創業したシステム・インテグレーション企業です。海外売り上げはすべて中国で、46・7％です。

・エレマテック（2715・東証1部）

電子材料・部品の商社です。24・9％。

・ペガサスミシン製造（6262・東証1部）

ミシンのほかに自動車部品も手掛けています。30・5％。

・日立建機（6305・東証1部）
油圧ショベルなど建設機械の世界的企業。26・2％。株式市場では「中国関連銘柄」として広く認識されています。

・昭和真空（6384・JASDAQ）
水晶デバイス製造装置で圧倒的シェア。24・1％。

・シライ電子工業（6658・JASDAQ）
プリント配線板専業メーカー。30・1％。

・パナソニック（6752・東証1部）
とくに説明の必要もない日本を代表する企業です。中国売り上げが23・4％を占めることはそれほど知られていないかもしれません。

・TDK（6762・東証1部）

言わずとしれた電子部品大手メーカーです。HDD用磁気ヘッドなどが主力です。32・6％。

・京写（6837・JASDAQ）

プリント配線板メーカーです。中国とインドネシアを生産拠点にしています。35・3％。

・村田製作所（6981・大証1部）

電子部品の大手メーカー、セラミックコンデンサーで世界首位です。45・2％。

・テイ・エス テック（7313・東証1部）

ホンダ系のシート部品メーカーです。製品の約9割はホンダグループ向けです。20・9％。

・国際計測器（7722・JASDAQ）

遠心力測定器「バランシングマシン」大手企業です。自動車業界が販売先です。21・4

%。

・ヤマト・インダストリー（7886・JASDAQ）

ＯＡ向け中心のプラスチック部品メーカーです。32・1%。

中国売り上げを公表している企業、さらに中国売り上げが20%を超えるものはそれほど多い訳ではありません。パナソニック、日立建機、ＴＤＫ、村田製作所など巨大な企業だけでなく、上場企業ではあるものの中小企業にカテゴライズされるものもあります。また、中国売り上げ比率の高さは、利益水準の高さと比例しているとも限りません。しかし、これからも中国での事業が発展に向かうのであれば、やはり、すでに中国で応分の売り上げをあげている企業には注目しなければならないと思うのです。

是非、それぞれの企業の株価の推移を見ていただきたいと思います。

参考までにエレマテック（２７１５・東証1部）と村田製作所（６９８１・大証1部）の株価のここ1年間の動きを次ページに示します。

■エレマテックのチャート（2715）（1年）

■村田製作所のチャート（6981）（1年）

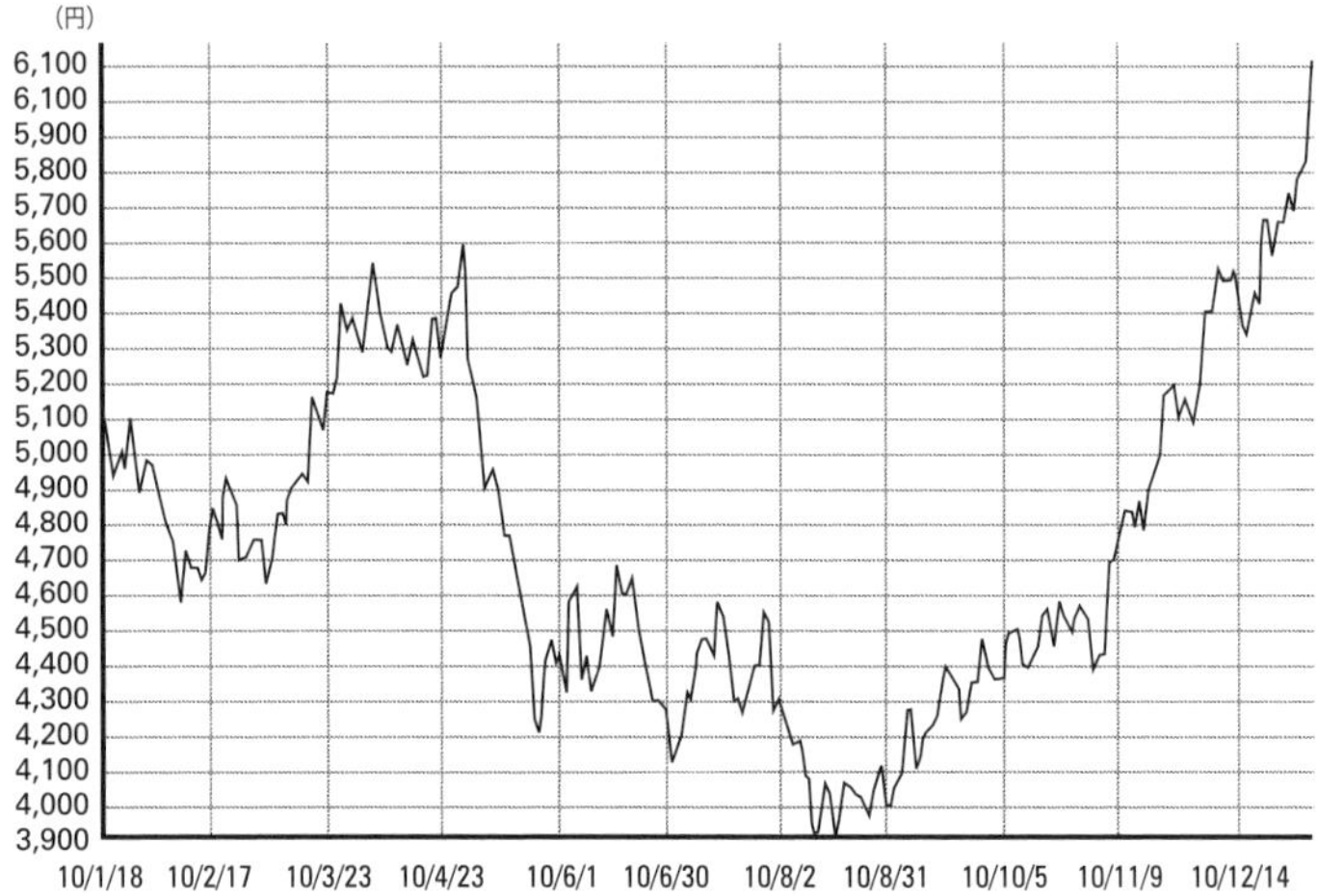

２０１０年春から初夏にかけて株式市場を襲った「欧州財政危機」による下落を取り戻す動きになっています。

確かに株式市場全体の下げに伴い、その影響は受けましたが足元ではとても強い動きをしています。その原動力となっているのは、やはり「中国」です。

4 ツーと言えばカーの中国関連お約束銘柄

株式市場には「性質」がいくつもあります。もっとも特徴的なことの一つは「織り込む」というものだと思います。

「織り込む」とは、ある株価を左右しそうな事柄が迫っているとして、それがまだ現実化していないにもかかわらず、その時点で得られる情報や観測で株価が反応するというものです。たとえば、「中国経済の好調を背景に○○社の業績は過去最高を更新しそうだ」と多くの投資家が思えば、決算発表を待つことなく、その会社の株価は高くなります。もちろん、全体相場の動向にも影響されるので、必ずとは言い切れませんが、私の感覚では上の状態であればほぼ株価の値上がりは間違いないものと思います。

「結果」（この場合は当該企業の決算発表）が発表される前に株価が動きだすのは、株式投資をこれまでやったことがない人からするとおかしなことと捉えられるかもしれません。よりどころがないのですから……。

実際、決算発表において期待された数字よりも低い数字が発表され、株価が急反落する例はいくらでもありますし、期待通りの数字が出たとしても、それまでに株価が高くなりすぎていた場合は「好材料織り込み済み」として、株価が下落することがあるのです。

それだったら、そんなにあわてて株を買うことなどないのに、と思われる事態ですが、それでもそうなるのが株式市場です。「性質」なのです。

これについては、なぜそのような性質が生じるのかを追究するよりも、「そんなものだ」と無理にでも理解しておくのがいいように思います。その理由を追究するよりも、そうだということを知っていることが投資家の仕事に近いと思います。

実は、中国絡みでも株式市場の「性質」に合わせた考え方をしなければならないものがあります。それは「すでに投資家が『中国関連株だ』と認識している銘柄は、中国の『ち』の字が出てくるだけで反応する」というものです。

納得できない方がいるかもしれません。できれば、ここも「そんなもんだ」と考えていただきたいのですが……一言で説明すると「お約束」とか「経験則」というものです。

中国経済の発展が日本株に影響を与えるようになったのは昨日や今日のことではありません。「この日からだ」と明確に言うことはできませんが、リーマン・ショック（２００８年）よりもずっと前、少なくとも２００６年にはそうなりつつあったと思います。それはつまり「中国関連銘柄」という中国とつながりが深く、かつ（ここが大事ですが）投資家が実際に「中国関連銘柄」として物色した銘柄を株式市場に登場させることになりました。

もう一度説明しますが、ここで言う「中国関連銘柄」とは、単に中国とのつながりが深い企業の株ということだけではなく、過去において「中国関連銘柄」として株が値上がりした経緯がある銘柄です。

極端な言い方をすれば、実際には中国と関わりのない企業の株であったとしても、投資家が（勘違いして）「中国関連銘柄だ」と判断し、それを理由に株価が上昇すれば、その銘柄は「中国関連銘柄」と判断されるということです（あくまでも極端な言い方をすればです）。

このような株式市場の「性質」からは、これまでに「中国関連銘柄」と認識された銘柄は、これからも中国関連銘柄として物色されることになる、その可能性が高いということになります。そのようなものをいくつか挙げていきましょう。どれも大企業ばかりです。

・日本郵船（9101・東証1部）

海運で国内首位企業です。海上輸送運賃が「相場」で決まることはあまり知られていません。つまり、荷動きが活発になればなるほど、同社の収益は大きくなります。日本と中国の輸出入が大きくなればなるほどいいというわけです。

・新日本製鐵（5401・東証1部）

鉄鋼国内首位企業です。経済発展に伴い鉄鋼需要は増大します。中国でも国内メーカーだけではまかなうことができず、「地の利」のある同社やほかの鉄鋼大手、韓国のポスコなどが恩恵を受けることになります。高品質の製品を作り出す日本の鉄鋼メーカーは中国でも一目置かれる存在です。また同社は中国の大手鉄鋼メーカー宝山鋼鉄と提携関係にあり、中国での自動車用鋼板シェアの半分を占めています。

・コマツ（6301・東証1部）

建設機械で世界2位の企業です。中国をはじめとするアジア地域でのシェアは№1です。中国では大型の建設機械が不足しています。1円の円高で18億円の営業減益になりますが、それを跳ね返し増益基調を継続しています。

・日立建機（6305・東証1部）

建設機械大手企業です。「油圧ショベル」に強みを持っています。コマツと同様、中国での需要が想定を大きく超える傾向が続いています。

・伊藤忠商事（8001・東証1部）

総合商社大手、伝統的に「衣料」に強みを持っています。総合商社の中でも中国案件への取り組みが早くその恩恵を受ける格好になっています。

・ファナック（6954・東証1部）

工作機械用数値制御装置や産業用ロボットで世界首位です。中国をはじめとするアジアの好調を背景に、受注は過去最高水準です。また、海外取引は円建てが中心となっており、円高の影響をほとんど受けない驚くべき体質です。製品の競争力が国際的に高いからこそ達成できることです。

・資生堂（4911・東証1部）

化粧品国内首位企業です。日本人が考える以上に中国での同社製品の人気はすごいものがあります。同社はすでに専門店5000店体制を確立しています。個人消費の伸びは追い風になると見られます。

・ユニ・チャーム（8113・東証1部）

生理用品、おむつで首位。このほかペットケア製品も手掛けています。中国では品質の良さが人気となっています。今後、中間所得層にも浸透していくものと見られます。ペットフードでも中国市場に参入しています。

絞り込むのは大変です。しかし「完全無欠の中国関連銘柄の代表的なもの」といえば、これらの銘柄になると思います。株式市場では「お約束」とされているものなので、中国経済がさらに拡大していく局面では、注目されると考えられます。

5 これから注目されそうな中国関連銘柄

この項目では、これから注目されるかもしれないと考えている銘柄を挙げていきます。これらはすべて私の個人的見解です。また投資を勧誘したり指示するものでもありません。実際に投資をされる際の最終的な判断はご自身で下してください。

私はかねてよりさびしく感じていることがあります。それは「コマツ」や「ファナック」などの（広義の）機械メーカーは中国関連株として注目されるにもかかわらず、日本のお家芸の一つである「自動車産業」がそれほど中国関連株として取り上げられないことです。アメリカやヨーロッパでの日本車のニュースはよく耳にしますが、中国においてはそれほどでもありません。では中国で自動車が売れていないのかというと、そうではないことをみんな知っています。

２００９年の中国の新車販売台数（中国汽車工業協会統計。汽車＝自動車）は、前年比

46・15％増の1364万台、生産台数は同48・3％増の1379万台に達しています。アメリカの販売台数が前年比21％減の1043万台にとどまる中、中国は世界第1位となりました。小型車の購入に対する税金の優遇措置や、農村地域への自動車促進策などの政策もそれを後押ししました。

実は中国では、国内産業保護の観点から海外の自動車メーカーが100％子会社を作ることは認められていません。海外メーカーの進出は「合弁」に限られています。「上海VW（フォルクスワーゲン）」や「上海GM」「広州ホンダ」「北京現代」のような社名になっているのはそのためです。こうしたことも、中国での個別企業の自動車販売がアメリカやヨーロッパのそれほど話題にならない要因ではないでしょうか。

このほか、中国には「民族系」といわれる中国のローカル自動車メーカーがあります。「奇瑞汽車」「長安汽車」「吉利汽車」などがそれです。

私は思いました。中国の自動車販売拡大を背景に「自動車部品メーカー」はその恩恵を受けているのではないだろうか？　日本のメーカー以外のローカルメーカーへの取り組みを進めている企業もあるのではないだろうか？　そんな会社が大きな発展を遂げるのではないだろうか？　さらに、日本の株式市場では「はじめに完成車メーカーありき」と考える風潮があるので、今はまだ「部品メーカー」に目が向けられていないのではないだろうか？　もしかすると、この先急に「中国の自動車販売拡大の恩恵で自動車部品メーカーがウハウハです」と話題にされることがあるのではないだろうか……。とりあえず、目星だけはつけておいたほうがよさそうだと。

やはりそうなりそうな自動車部品メーカーはありました。

私は「**NTN（6472・東証1部）**」に目をつけてみました。同社は「軸受け（ベアリング）」メーカーですが、その技術を応用した自動車部品も手掛けています。2011年5月に発表される予定の中期経営計画の目玉は、中国のローカル自動車メーカーの新規案件の獲得効果がどれほどあり、これからどのように推移していくのか？　です。

他方、軸受けメーカーですから、コマツやキャタピラー（米）など建設機械メーカー好調の恩恵も受けます。

昨年10月に中国での軸受け工場設立ニュース発表時には、株価が急騰しました。これはとても重要なことです。「中国絡みのニュース」で反応しなければ、私の狙いも意味のないものになってしまうからです。ＮＴＮの場合はそうではなく、しっかりと反応したのです。これからも「中国案件」の話題で動くものと思います。

ここ1年間のＮＴＮ株の動きは次ページの通りです。

２０１０年は春から秋まで、全体相場が低迷しましたが、ＮＴＮはそれほど大きくその影響を受けなかったように見えます。上げたというわけではないですが、それほど大きな影響がなかったように見えます。そして２０１０年秋以降急騰しています。

今後も、中国絡みの案件があるだけに、期待を持てるのではないかと考えています。

この株は株式市場でも「値動きのいい株」と認識されています。材料などに反応し、短期的にも急伸することが間々あるからです。私は、個人的にもタイミングを見計らって売買をすることがよくある銘柄です（ずっと株価が上がるという意味ではありません）。

■NTN のチャート（6472）（1年）

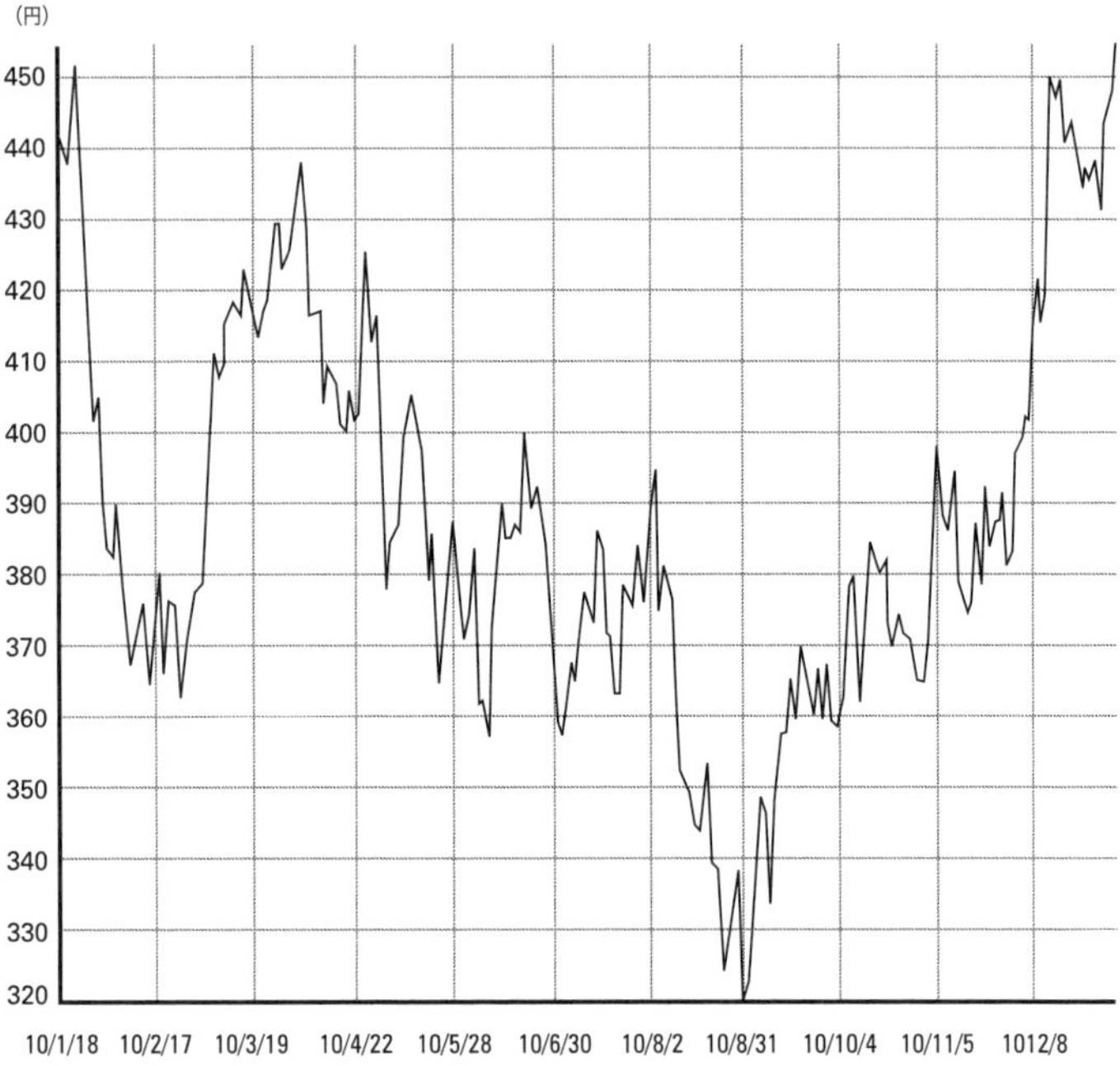

ＮＴＮの２０１０年４—９月期連結決算は最終損益が72億円の黒字（前年同期は50億円の赤字）になりました。欧米市場で自動車向け軸受けの販売が増加したことに加え、中国など新興国向けの建設機械や工作機械など産業機械向けベアリングも好調だったことがその理由として挙げられています。

ほかにも自動車関連で気になるものがあります。それは「タイヤメーカー」です。トラックも含む自動車が増えればタイヤ販売も増えるのは当然のことです。しかし、ここに関しても、これまで中国絡みではそれほど話題になった記憶がありません。

私は、これから注目を集め、話題になるのだと考えています。中国の自動車販売はまだまだ拡大します。乗用車だけでなく、トラック、バスなども同様だと思います。幸いなことに「タイヤの要らない自動車」は開発されていませんので、タイヤ販売は嫌でも伸びていくことになります。

ちなみにタイヤメーカーと、そのシェアはどのようになっているのでしょうか？　まずは２００９年のタイヤグローバルシェアを見ていきましょう。

・ブリヂストン（日）16・2％
・ミシュラン（仏）15・5％
・グッドイヤー（米）12・4％
・コンチネンタル（独）5・1％
・ピレリ（伊）4・4％
・住友ゴム（日）3・7％
・横浜ゴム（日）3・1％
・ハンコック（韓）3・0％
・クーパー（米）2・2％
・マキシス（台湾）2・2％
・その他　32・3％

という具合です。これを見ただけでも、モータリゼーションが発展している地域（北米、ヨーロッパ、日本）の影響を見ることができます。自動車の多い地域はタイヤが必要で、その地域の企業が大きなシェアを獲得している、ということです。

では、中国でのタイヤシェアはどうなっているでしょうか？　２００９年のデータを紹介します。

・ハンコック（韓）20％
・クムホ（韓）20％
・ＧＩＴＩ（中国）11％
・トライアングル（中国）７％
・ブリヂストン（日）８％
・マキシス（台湾）６％
・ミシュラン（仏）６％
・グッドイヤー（米）５％

・その他　17％

韓国メーカーが圧倒的なシェアを持っています。世界シェアでは3％ほどでしかないハンコックタイヤが中国では20％ものシェアを占めているのです。もちろんローカルメーカーも高シェアを占めています。しかし、世界トップのブリヂストンが8％でしかないのです。

これをどう見ればいいのでしょうか？

・日本や欧米のタイヤメーカーは出遅れた
・韓国メーカーが安値攻勢をかけている
・中国では日本や欧米のタイヤは毛嫌いされている

最後の「毛嫌い」はないと思います。その前の二つの理由だと思います。実際、韓国メーカーやローカルメーカーのタイヤは安いのです。

しかし、ここから自動車市場が成熟していくに従って、「品質」に目が向けられるといわれています。さらに製品そのものの価格だけでなく「経年コスト」についても目が向けられていくものと予想されます。「経年コスト」とはタイヤの耐久性（何年もつか）だけでなく、車の燃費にも関わるものです。実は日本のタイヤメーカーは「低燃費タイヤ」が得意です。

また、原材料（ゴム）価格の値上がりを背景に各タイヤメーカーは利益の確保に躍起となっていますが、製品値上げの通りやすさは、やはり「世界ナンバーワンブランド」ということになります。

つまりブリヂストンです。

ブリヂストンの売り上げの地域別内訳はアメリカが43%を占めているので、株価動向も、まずはアメリカでの販売状況に左右されると思います。しかし、低燃費タイヤの中国をはじめとする新興国での伸びが、今予想できていない高いレベルに達することもあると考えています。

ブリヂストン（５１０８・東証１部）の２年間の株価の動きは次ページの通りです。

２００９年の夏以降、低迷を続けているように見えますが、安値は１４００円近辺にきれいに揃っています。そして直近のところでは上昇の動きです。２００８年のリーマン・ショック前には２０００円もあった株です。

私には面白そうな株に思えます。

このほかのタイヤメーカーの株も挙げておきます。住友ゴム工業（５１１０・東証１部）がそれです。中国内シェアは「その他」にカテゴライズされていますが、低燃費タイヤに強みを持っています。商標は「ダンロップ」「ファルケン」です。株価の動きはブリヂストンよりも値上がり傾向にあります。

■ブリヂストンのチャート（5108）（2年）

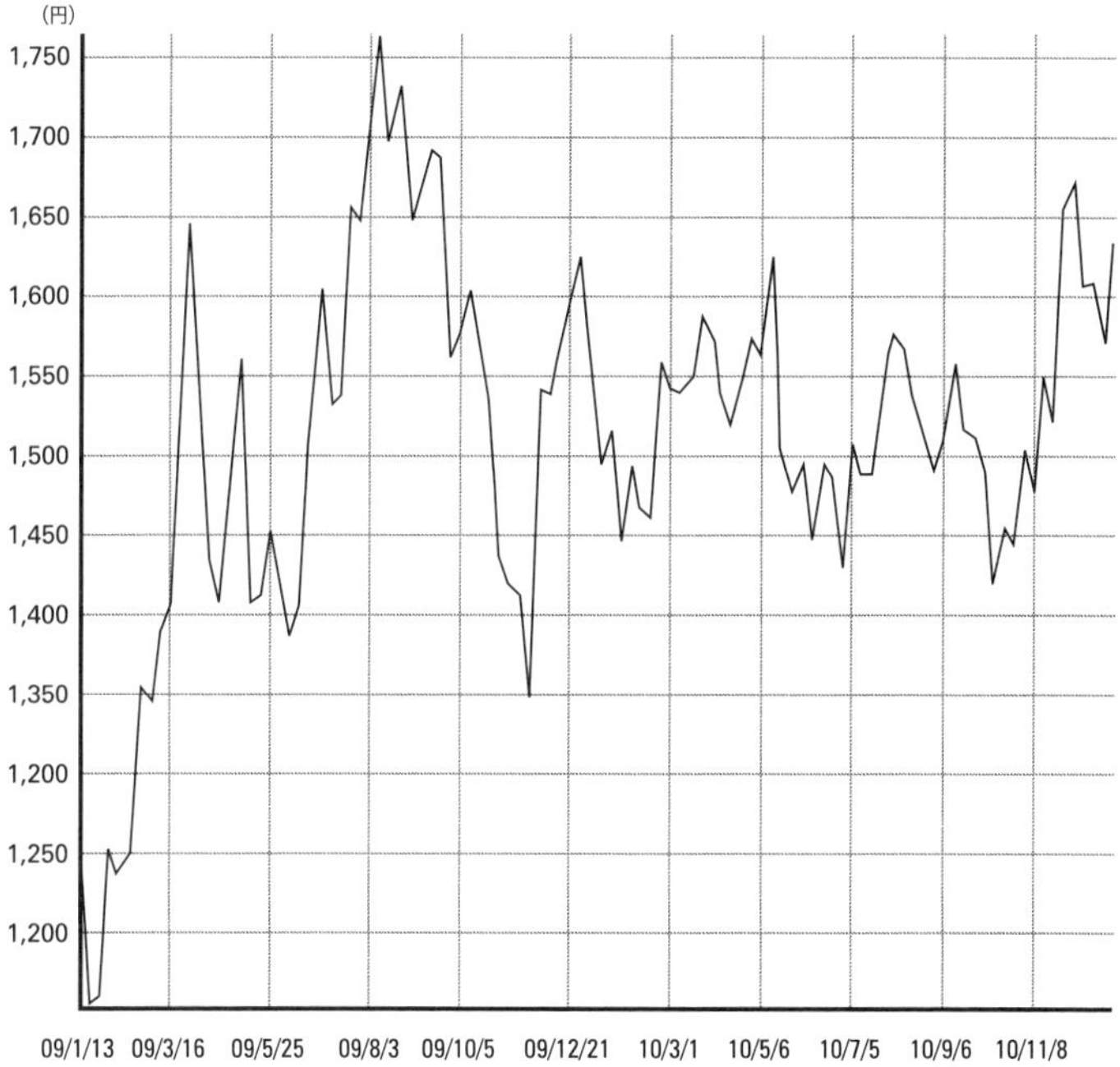

6 まだまだある中国関連銘柄

「実は中国関連銘柄はキリがないのです」というような解説がよく（証券界では）されています。確かにそれは事実です。しかし、それを言っているようでは、本書の意味がなくなってしまうので、私は私自身の考えで銘柄をピックアップしていきます。株価はデータ通りに動くものでもないので、私は私自身が考える「妙味」も加味して銘柄を挙げていきます。これは、株式投資を実際に行っている者、さらにそれを長く続けている者にしかわからない部分があると考えています。

「妙味」という意味では、かなりのものだと思える銘柄を紹介してみましょう。

それは**ナブテスコ（6268・東証1部）**です。ナブテスコは産業ロボット用精密機器で世界シェア6割を超える企業です。このほか鉄道車両用ブレーキにも強みを持っています。

まずはこの1年のナブテスコの株価の動きを見てください（次ページ参照）。

２０１０年の全体相場の動きが芳しくなかったことを考えると、相当強い動きということができます。

２０１０年12月、ナブテスコはビッグな発表を行いました。それは中国において、鉄道車両用機器を生産・販売する合弁会社を（２０１１年2月に）設立すると公表したことです。江蘇省常州市の「今創集団有限公司」が50％出資、ナブテスコが50％出資して鉄道車両用ブレーキシステム、ドアシステムの生産を２０１２年3月期中にも開始する予定です。

中国の鉄道投資は２００８年に３３７０億元、２００９年に６００１０億元、２０１０年には７０００億元（予定）と拡大しています。中国政府は２０１０年から5年間の鉄道投資を３・５兆元としています。とてつもない投資額です。

この調子だと、ナブテスコの合弁会社の業績は「倍々ゲーム」となる可能性があります。倍々どころか、「3倍々」くらいになってもおかしくないと思います。

■ナブテスコのチャート（6268）（1年）

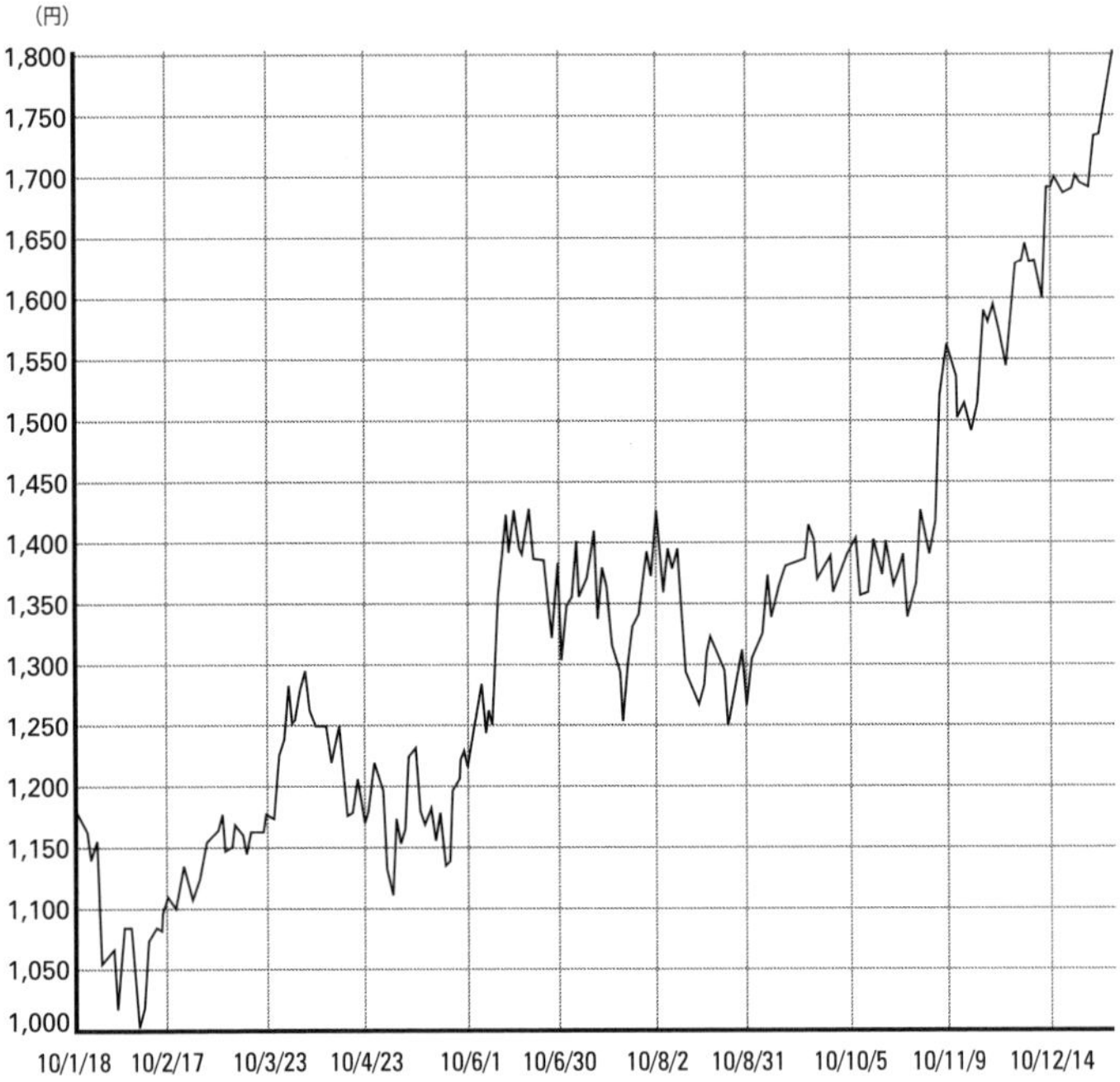

まだあります。身近すぎて中国との関連がすぐには連想できない企業かもしれません。

それは**イオン（8267・東証1部）**です。ご存知のように総合スーパーや専門店を展開する企業です。このほか、デベロッパー（不動産開発業者）の側面も持ち合わせています。

もちろん一番に、イオンの業績動向を左右するのは、日本国内の個人消費です。最近は、子ども手当てなどが寄与し全般に（イオンにとっては）明るさが出ている側面もあります。

そのイオンは今、中国への進出に全力を挙げています。

２００８年11月にオープンした「北京国際商城ショッピングセンター」の業績が好調に推移していることから、今後も中国へのショッピングセンターの出店を加速させるとしています。

その計画はすさまじいもので、年間20店、3年後に60店舗を出店すると打ち出しています。中国政府が考える「個人消費の拡大」とも狙いが一致します。

このほかでは、すでに中国でブランドを確立している企業も、個人消費の拡大の恩恵を受けるかもしれません。

それは「**キユーピー（2809・東証1部）**」「**ヤクルト本社（2267・東証1部）**」です。どちらもマヨネーズと乳酸菌飲料でナンバーワンブランドを持っています。中国の一般の人の多くが、キユーピー、ヤクルトとも、中国の企業だと認識しているほどです。それくらい現地に深く根差しているのです。

この章の最後に「隠れた中国関連銘柄」、それも極めつきの優良な銘柄についても紹介しておきましょう。

それは「**シスメックス（6869・東証1部）**」です！

こう書いても、ほとんどの方は？？？かもしれません。そうです、一般的に知られている企業とはいえないと思います。アテネオリンピック女子マラソン金メダルの野口みずき選手が同社女子陸上競技部に所属していると言うと……「ああ、なんか見たことあるな」と思う方がいるかもしれません。

シスメックスは検体検査用機器・試薬で世界的な高シェアを持っています！

これでもよくわかりません……。

しかし、シスメックスは、「3K」企業といわれています。「キケン、きつい、汚い」の3Kではなく、「高成長」「高収益」「高株価」の「3K」です。

株式市場では「みんな」が知っているかどうかなど問題ではないのです。「みんな」は知らなくとも、特定の人が知っていればよく、特定の人だけでも相当数います。その中の一部（それでも相当数いるわけですが）が、株式市場にお金を投じ、シスメックス株を「高株価」といわれるまで押し上げているわけです。

少し説明すると、シスメックスは、ヘマトロジーといわれる血球計数検査の検査機器を得意としています。採取した血液を調べ赤血球・白血球・血小板の数・種類を測定し、貧血症や多血症を判断するものです。病院や検査機関が顧客となります。

ヘマトロジー用のほかにも様々な検査機器や試薬を扱い、シスメックスの年間売上高は

1200億円ほどに達しています。売り上げ構成は日本以外が約67％を占める国際企業です。売上高営業利益率は約15％と高利益体質です。

株価のここ2年の動き（次ページ）を見ると、同社の評価がいかに高いかがわかると思います。

ここ数年の日本株の低迷を忘れてしまうかのような値動きをしています。

シスメックスは、現在売り上げの10％を占めているにすぎない中国での売り上げを伸ばす構えで、すでに2009年度の中国での売上高は前期比17％増とその道筋がついてきています。なかなか一般には認知されにくい分野ですが、立派に中国の成長をものにしている企業なのです。

株式市場では買われる株がさらに買われることが多い事実をもう一度繰り返しておきます。

■シスメックスのチャート（6869）（2年）

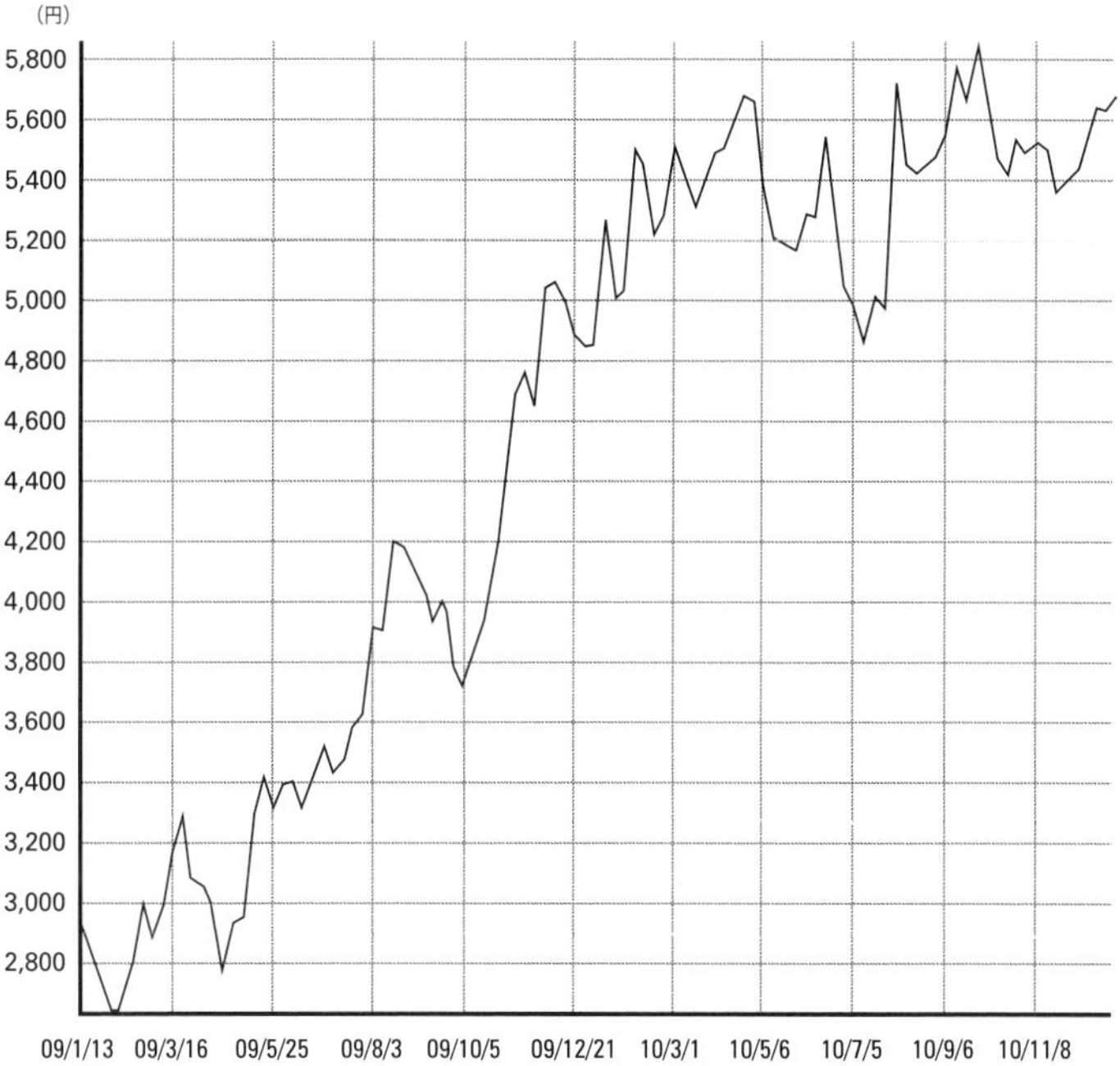

第5章

局所バブルのアザーサイドストーリー

1　日本企業は中国らしき資金に買われている

この章では、あまり語られないことについて書いていきたいと思います。全く知られていないこともあれば、その事柄は（知っていたとしても）視点が異なるものです。もちろん、すべて株価に関わることです。

中国企業による日本企業買収や資本参加を目にすることがあります。2009年には中国第2位の家電量販チェーン「蘇寧《そねい》電器」が、日本の家電量販チェーン「ラオックス」の株式27・36％を取得し筆頭株主になりました。これは中国企業が日本の上場企業を買収した初の事例となりました。

業績が低迷していたラオックスは蘇寧電器の協力を得て、経営を立て直したいとしました。蘇寧側も日本の家電チェーンの経営手法を学びたいということと、互助関係のメリットを強調しました。

さらに、2010年にはアパレルの老舗《しにせ》、レナウンが中国の繊維大手「山東如意」と資本業務提携し再建を目指すという発表もありました。山東如意は41・18%を出資する筆頭株主となりました。レナウンはこれを足掛かりに中国市場に進出するとしました。

ここまでなら、ちょっとシンドめの日本企業が、中国企業に事業協力や出資を仰いだというだけのニュースです。もちろん、一部の中国企業が日本の企業を買収できるほどの力をつけてきた象徴的な出来事として捉えることもできます。

双方、良かったですね……。

と手を叩《たた》きたくなります。

しかし、こんなものではないことが起きていることをここでお話ししなければなりません。すでに知っている方も多いと思います。

でも、知らない方はもっと多いと思います。

そして、それを聞かされると、驚くことは間違いないですが、なかには憤りや悔しさを感じてしまう方がいるかもしれません。

実は日本の大企業の多くはすでに買われています。

大企業というのは、本当に本当の大企業です。日立製作所やソニー、NTT、武田薬品など日本を代表する企業です。それらはすでに「中国資本と思われる資金」に買われているのです。

このことは秘密にされている訳ではありません。上場企業の株を買い進むと、いつしか「大株主」になり、上場企業が出している「有価証券報告書」にも記載されることになります。

個人投資家は通常、『会社四季報』などで大株主（構成）を見ることが多いと思いますが、試しに、NTTの保有比率10位までの大株主を見てみましょう。

1. 財務大臣（33・7%）
今も30%を超える株を国が保有しています。

2．自社／自己株口（15・9％）
自社で自社の株を保有しているということです。
3．日本トラスティ信託口（3・3％）
4．日本マスター信託口（2・5％）
3＆4は日本の機関投資家の保有している株の管理口座です。
5．モクスレイ＆Co.（2・0％）
アメリカ預託証券（ADR）の管理名義口座です。
6．日本トラスティ信託口9（1・0％）
3＆4と同じです。
7．SSBT・OD05・オムニバスアカウントトリーティ（0・8％）
なんじゃこれ？
8．チェース（ロンドン）SLオムニバス・アカウント（0・8％）
海外の年金などを運用している機関投資家の有価証券管理銀行の口座名。
9．自社社員持株会（0・7％）
そのまんま、社員持株です。

10．ステート・ストリート・バンク&トラスト505225（0・6%）
8と同じです。

さらに、NTTドコモの上位株主も見ていきましょう。

1．NTT（63・1%）
そうでした。NTTドコモはNTTの子会社なのです。
2．自社／自己株口（4・9%）
3．日本トラスティ信託口（2・6%）
4．日本マスター信託口（2・3%）
5．ステート・ストリート・バンク&トラスト（0・7%）
6．日本トラスティ信託口9（0・5%）
7．SSBT・OD05・オムニバスアカウントトリーティ（0・5%）
またまた出てきました～。
8．ステート・ストリート・バンク&トラスト505225（0・4%）

9．ＢＯＮＹメロンフォーデポジタリーレシートホルダーズ（０・３％）
アメリカ預託証券（ＡＤＲ）の管理名義口座です。
10．メロンバンク（０・３％）
海外の年金などを運用する機関投資家の管理銀行です。


これくらいの大規模な会社は、国内、海外を問わず機関投資家が上位株主になっていることがよくわかります。個人でここに名前が載るには天文学的な資金が要ります。

それにしてもよくわからないのはＳＳＢＴ・ＯＤ０５・オムニバスアカウントトリーティです。上位株主にいるにもかかわらず、一体何者なのかがわかりません。管理口座の名前だということは想像がつきますが、どこのどんな資金なのかがわかりません。

実は、この口座名は２０１０年の途中まで「オムニバス・チャイナ・トリーティ」という名前で大株主欄に記載がありました。いつしか名称が変更されているようです。

「オムニバス・チャイナ・トリーティ」とは、やはり中国を連想させるものです。この投資家（の所在地）はオーストラリアのシドニーで、常任代理人は香港上海銀行東京支店です。もちろんこの管理口座についてコメントをすることはありません。

この「管理口座」が上位株主（保有比率10位まで）に顔を出す企業を挙げてみましょう（2010年冬時点）。大成建設、帝人、武田薬品、住友金属鉱山、日立製作所、ソニー、三菱重工、野村ＨＤ、ＮＴＴ、関西電力、大和ハウス、東レ、信越化学、花王、住友金属工業、三菱マテリアル、コマツ、パナソニック、日本郵船、三菱商事……などです。

驚かれたことと思います！　こんなにもたくさんの企業の大株主になっているのです。一体どれだけ莫大《ばくだい》な資金があるのでしょうか？　「オムニバス・チャイナ・トリーティ」とは一体何者なのでしょうか？

確認を取ることはできません。したがって、ここでも「多分こうだ」ということを書かざるを得ません（でも、だいたいの想像はつきます）。

背後には、中国の大手運用会社がいるとされています。中国政府の「外貨準備金」を日本株に投資しているものと思われます。つまり、「中国政府のお金を運用している」というものです。私は、ほぼ間違いないだろうと思っています。

この「オムニバス・チャイナ・トリーティ」という名義は5〜6年前から、大株主として登場し始めています。しかし、どの企業からも「経営に関する意見など接触があった」とは報告されていません。経営参画には興味のない「純投資」だと考えられます。それにしても、ここまで大きな中国と見られる資金が日本株に投入されていることは、一般的には知られていないことだと思います。

現実的には、

「すでに日本企業は中国の資金に買われている」

ということになります。経営に参画する意思はないものと見られますので、ラオックスやレナウンの例とは異なりますが、いずれにしても日本を代表する企業の大株主には「中国と見られる存在」があるのです。

この事実を前にどういう感想を持たれたでしょうか？

「憤り」や「悔しさ」を感じた方もおられるかもしれません。自国の領土が侵犯されているかのような気持ちになった方がいるかもしれません。


私にも「感想」があります。それは「憤り」や「悔しさ」とは対極のものです。


「嬉《うれ》しい」です！

飛び上がって喜びたくなる気分です。なぜなら、こんなにも日本株を買ってくれる、10年前にはいなかった投資家が出てきているからです。

株価は誰かが買ってくれないと下がるのです。誰かが買うことでこの先の上昇も見込めるようになるのです。

そして目の前には、単独企業による買収や、政府資金と見られる大量資金の流入があるのです。これを喜ばずして、何を喜べばいいのでしょうか？

私はそのように考えています。

2 中国人にお金をドンドン使ってもらう意識

投資家は経済原則に則《のっと》った考えや、行動をしなければならないものと私は考えています。例外を作らず、どんな事柄を前にしても「経済原則」で物事を捉え、それに沿って自らが有利になる方向に動いていかなければならないと考えています。

こうしたことを常に意識し続けるのは難しいことだと思います。初めから、しかも強烈に意識しておかなければできるものではないでしょう。仮にそれが大方の見方とは異なるものであったとしても、経済的なメリットがあるのであれば、みんなと逆の見方や行動をしなければならないと思います。

最近、とくに「中国からの観光客」が目につきます。私は東京に住んでいますが、銀座をはじめとする繁華街には必ず中国人観光客がいます。デパートでは中国のご婦人方が「資生堂」の売り場に集まっています。秋葉原に行けば、量販店の中にもたくさんの中国人観光客がいます。かなりの金額をはたいて買い物をしています。店の前には彼らが乗ってきた観光バスが停まっています。

ビザの発給条件が緩和され、中国人が日本を訪れやすくなりました。これからも条件は緩和されるだろうと私は見ています。さらに多くの中国人が日本を訪れるようになるのです。富士山や京都などの観光地も、これまで以上に中国人観光客でいっぱいになることでしょう。

この流れを苦々しく思っている日本人は多いと思います。それは、私達の意識からすると「マナー」の点において、彼らは総じて問題があるからです。私も実際にそれを見たことが何度もあります。

・椅子やベンチに寝転ぶ
・列に並ばない
・そこかしこに「痰《たん》」を吐く

・すぐに上半身裸になる（男性）
・灰皿がなくてもタバコを吸う

日本人が中国人に対して（潜在的に）持っている優越感が悪く作用する部分もあると思います。

とあるデパート内のレストランで、ガヤガヤとやかましく意味もなく席を立ち動きまわる中国人の一団に対し、「お前らみたいなのが、チョロチョロしてんじゃねーよ！」と怒りをぶちまけていた男性（推定50代）を見たことがあります。その言葉は、周囲にいた日本人の心の中を代弁したような印象を受けました。

昨年起こった「尖閣諸島《せんかく》」の問題もあると思います。中国漁船が日本の領海を侵犯し、警告した海上保安庁の巡視船に体当たりするという狼藉《ろうぜき》を働きました。船長と乗組員が日本に拘束されると、中国政府は執拗《しつよう》ともいえる圧力と報復を交えて、無条件での解放を迫ってきました。

これらのことがごちゃまぜになった上で、私達の「中国人観」が確立しているのではと思います。程度の差こそあれ、多くの日本人は同じ目線で彼らを見ているように思います。

私はここで、これまでの「中国人観」に付け加えるべきではないかと考えていることを提案したいと思います。

それは「中国人をいいお客さんだと思え」ということです。これは決して、中国人と仲良くなれ、ということではありません。仲良くするかどうかなど私が提案する類のことではありません。

私が意図しているのは「いいお客さんにしてしまえ」ということです。

・もっとお金を使ってもらおう
・もっと売ってやろう

という「商売バリバリ」の意識です。本質的な仲の良さなど、あればあったで、なければないで構わないと思います。

「でも、お金だけはいただきますよ」
「最大限払っていただきますよ」

というものです。そうであれば、ベンチに寝っ転がろうが、痰を吐こうが構わないということです。お金をキッチリといただくことで完結させるのです。

これから先、中国資本による日本企業に対する買収は増えていくものと思います。「中国資本の物言う株主」も出てくると思います。それが目立ってきた時に、持ち前の「反中感情」を表面化させ「規制しろ！」などと言っているようでは商売にならないのです。株を買ってくれる投資家は増えたほうがいいのです。

中国資本が「日本株を買う」流れが顕在化すると、株価は相当な上昇を見せると思います。

私は、是非、できるだけ早く、できるだけ大規模に中国資本が日本の株式市場に流れ込んできて欲しいと考えています。

また、そのような意識で商売をしていく内需系企業にも注目していかなければならないと思います。わかりやすいもので言えば、中国人相手にシフトする「小売り」などです。ショッピングセンターの一番目立つ看板に「商城」などと、中国語を入れるようなところは「商売」としては成功を収めると思います。

初期の段階では批判にさらされるかもしれません。しかし、数字は上がるものと考えます。その会社の株価は上がるのです。

私達は投資家なので、数字が上がるもの、株価が上がるものは、分け隔てなどしないのです。株価が上がる要因は何でもよく、どの国の投資家が参入してきてもいいのです。自分達は、「みんな」より早く買い、「みんな」が買ってくる時に売り、サッサと利益を確定させればいいのです。

中国の日本買いは「政府」「企業」「個人」の3系統で来ると思います。いや、もうきています。それが目立ってくるのがこれからなのだと思います。

やがて、日本の象徴的な企業が中国資本に買収されることもあると思います。歴史や看板だけでは商売をすることが厳しく、半面で、中国人からウケのいいものです。デパートなどはその典型だと思います。

「創業ウン百年の老舗、中国企業に買収される」

このような見出しが新聞に躍るのはそう遠くないことだと思います。

それを喜べるか？　複雑な心境になるか？

もちろん、これも自由ですが、私は「株価」に沿った考えをしたいと思います。私の予想は「株価は棒上げになる」というものです。

棒上げになるということは「喜ぶ」ということです。これを忘れてはいけないと思います。

もっとお金を使ってもらう。

よく考えれば、かなり長い期間（今も）日本人が外国で受けている扱いです……。

3 中国人がマンションを買っているらしい

昨年来よく耳にすることがあります。それは「中国人が日本の不動産を買っている」というものです。ここで指す「中国人」は主に個人です。

中国人の個人が主に、都心や京阪神のマンションを購入しているというものです。その理由として一番多いのは「投資用」です。「中国の都心部の不動産価格が上昇しすぎたが、日本の不動産はまだまだ割安」と口にする中国人が多いということです。確かに中国では不動産バブルといわれ価格が高騰しています……。

ちなみに日本では外国人に対する不動産の取得制限は事実上ありません。原則事後報告制という制限ともいえないものがあるだけです。その内容は、取得した外国人は取得日から20日以内に日本銀行を経由して財務大臣あてに、取得名義人の氏名や取得価格など所定の事項を報告しなければいけない、という程度のものです。

私は一連のことが本当かどうかを株価から判断することにしました。株価はすべての情報を織り込んでいるものだからです。

その対象として考えたものは以下の6社です。

・日本エスリード（8877・東証1部）

マンションの開発・販売を主に京阪神で手掛けています。

・日神不動産（8881・東証1部）

東京・神奈川・埼玉を中心に「日神パレステージ」ブランドのマンションを展開しています。

・アーネストワン（8895・東証1部）

首都圏郊外を中心にマンション・戸建てを手掛けています。関西、東海にも営業網を拡充しています。

・タカラレーベン（8897・東証1部）

東京・神奈川・千葉を中心に低価格のマンションを展開しています。

・サンウッド（8903・JASDAQ）

森ビルグループ、都心の好立地に高グレードマンションを展開しています。

・フージャースコーポレーション（8907・東証1部）

埼玉・千葉を中心に「ウィズ」ブランドのマンションを展開しています。

まずは、この6社のここ6カ月の株価をダーッと見てください（P.189〜191参照）。

すべて目の覚めるような上昇をしています。

もちろんこの株価の上昇がすべて「中国人によるマンション買い」を要因としているものではありません。全体の相場が上昇したこともありますし、そもそもマンション市場が好転していることもあります。

それはそうですが、それにしても……。

■日本エスリードのチャート（8877）（6カ月）

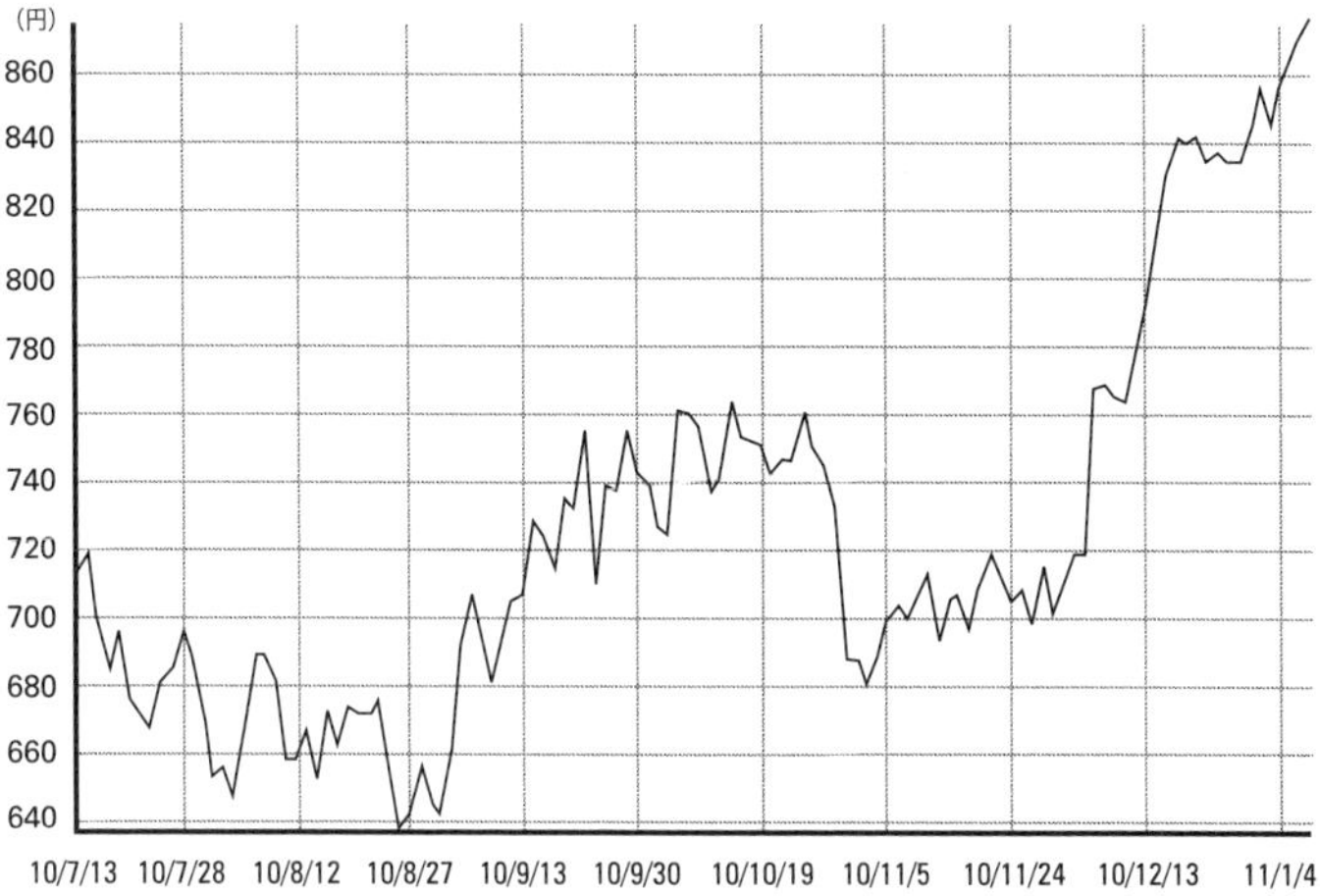

■日神不動産のチャート（8881）（6カ月）

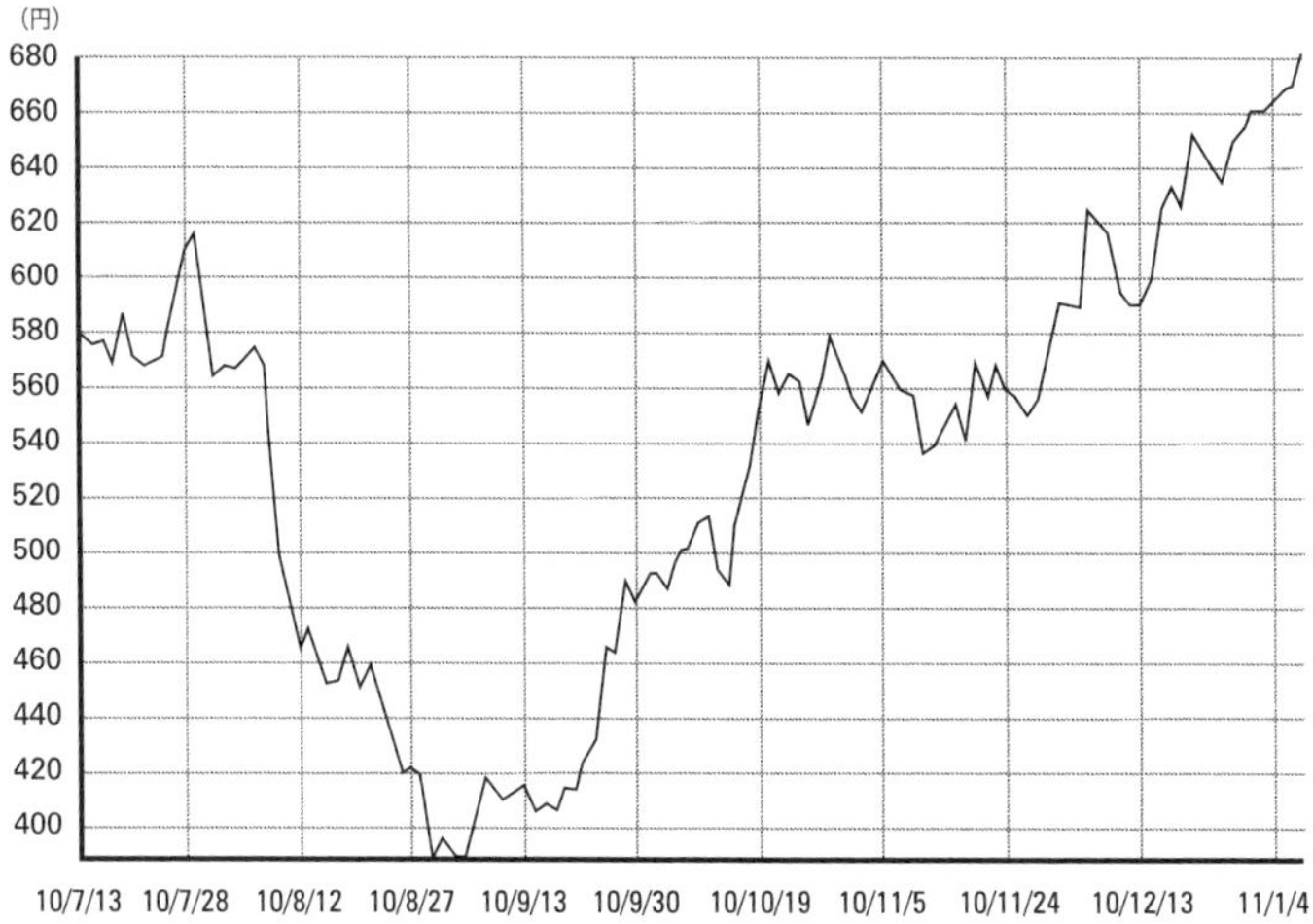

■アーネストワンのチャート（8895）（6カ月）

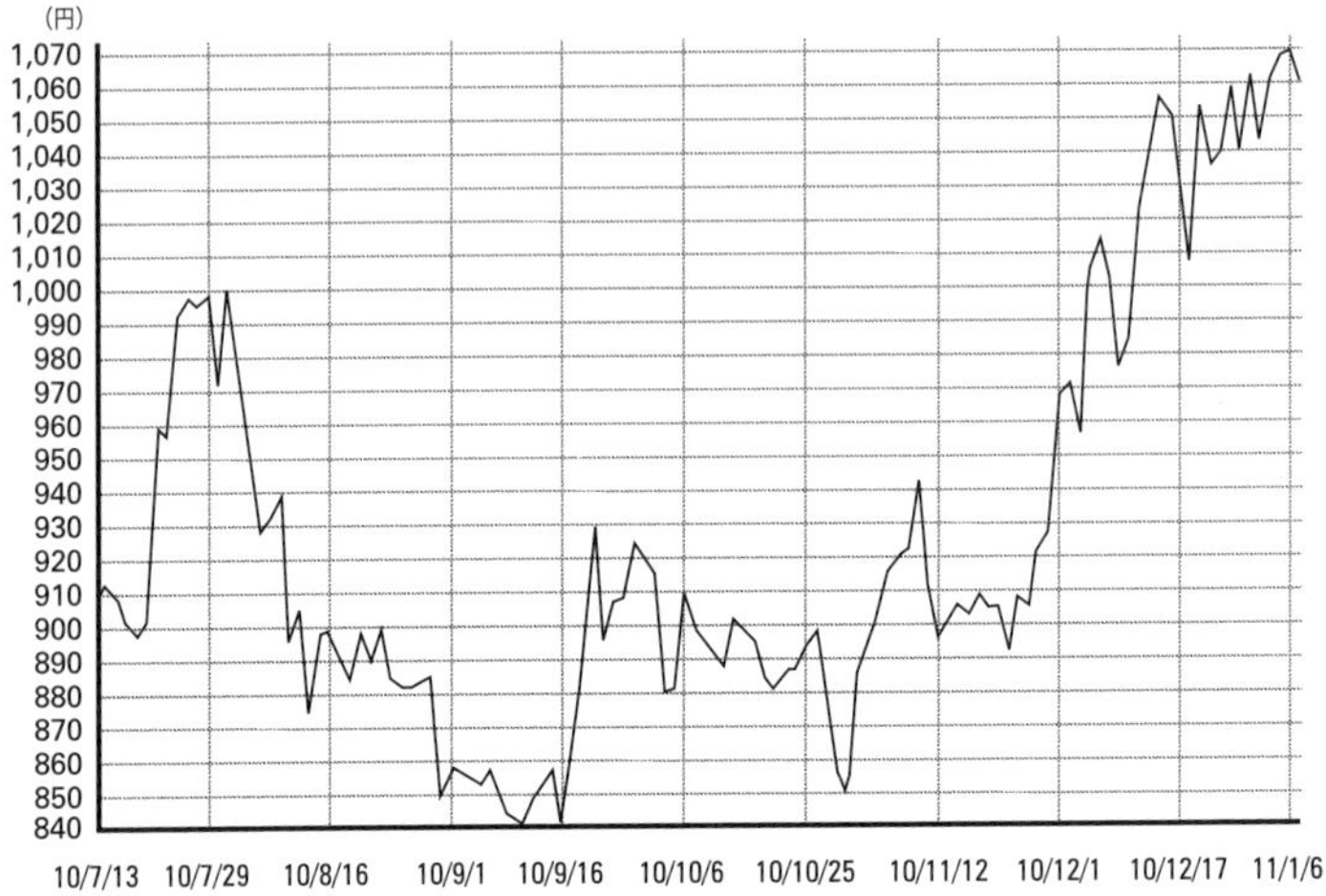

■タカラレーベンのチャート（8897）（6カ月）

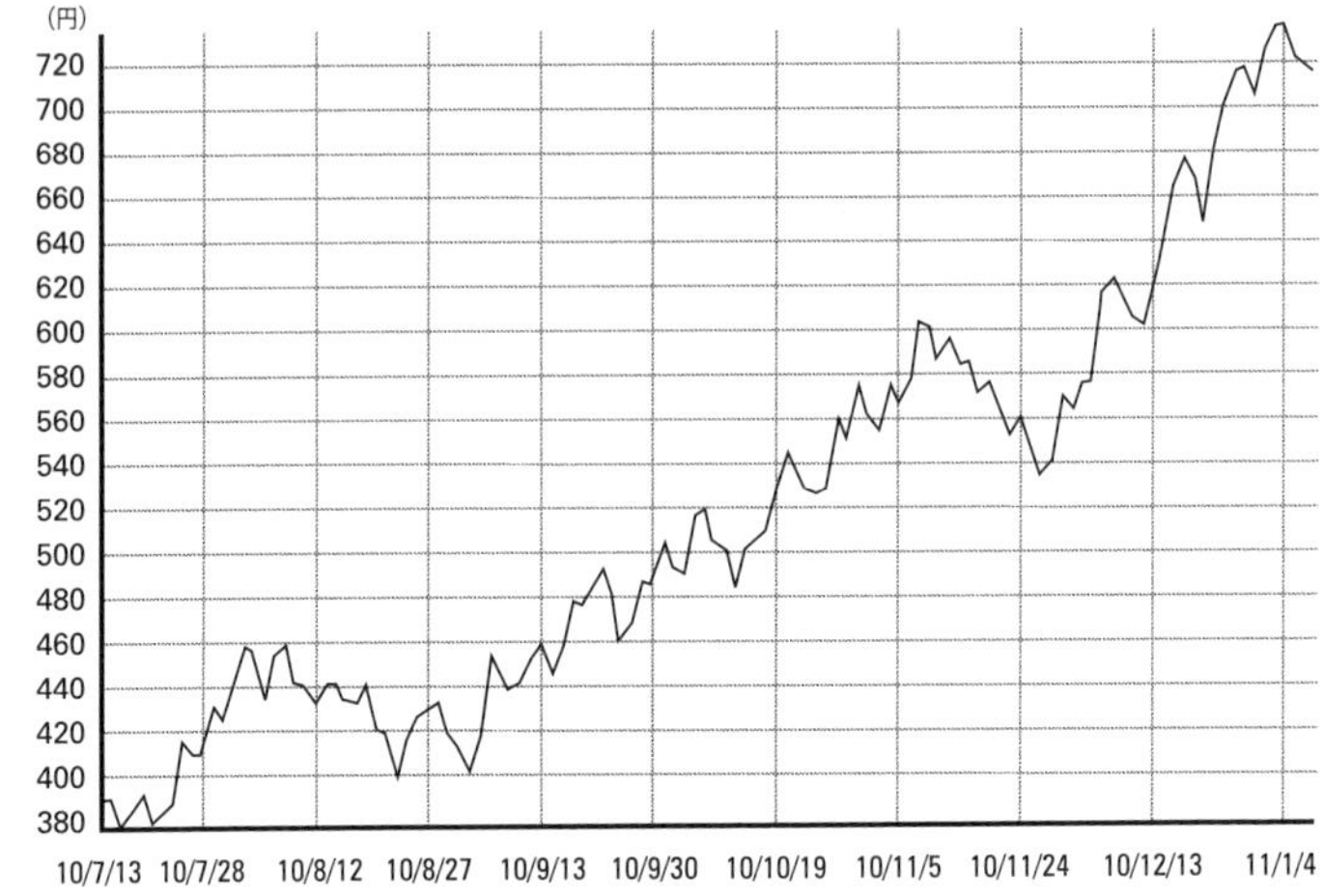

■サンウッドのチャート（8903）（6カ月）

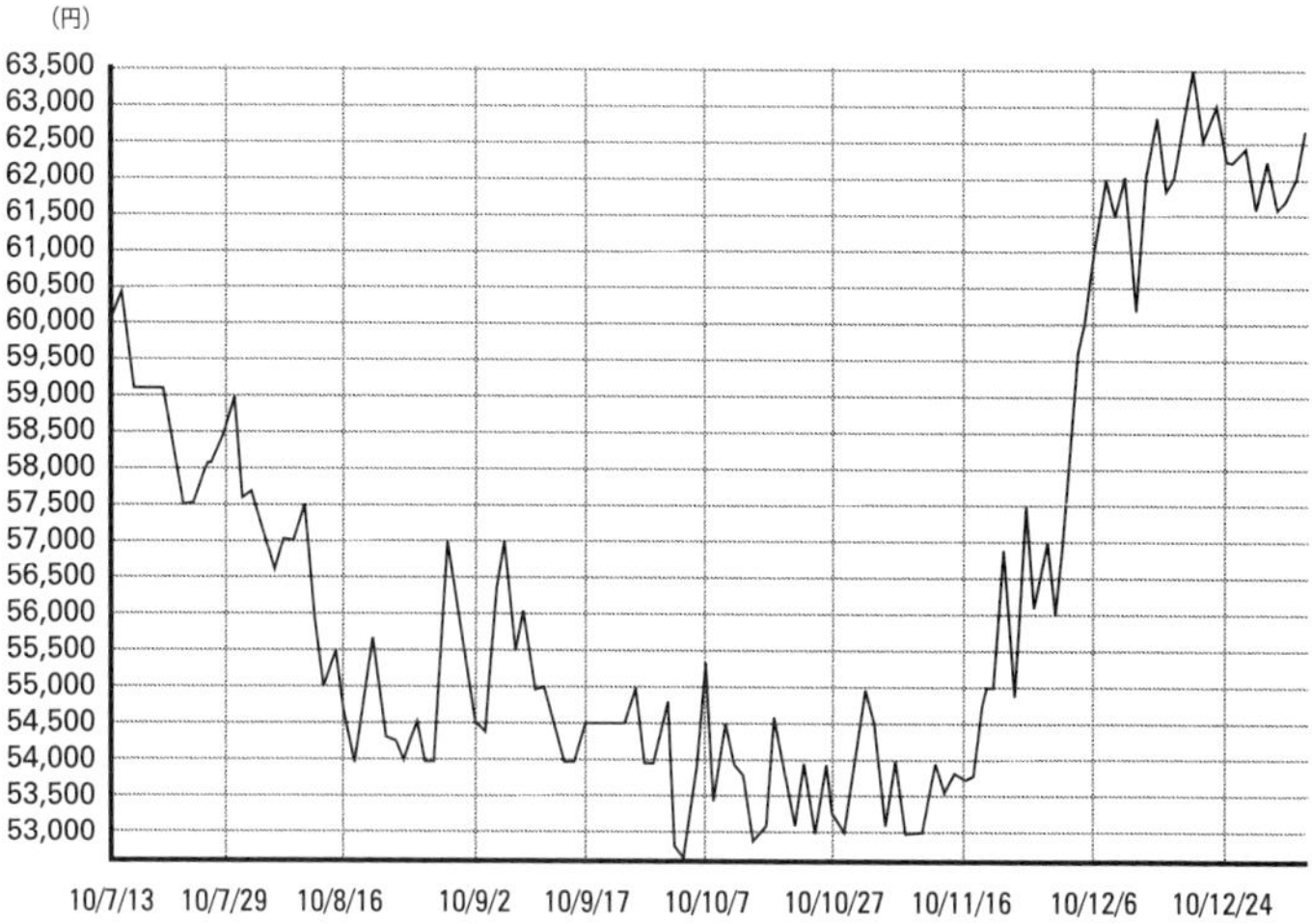

■フージャースコーポレーションのチャート（8907）（6カ月）

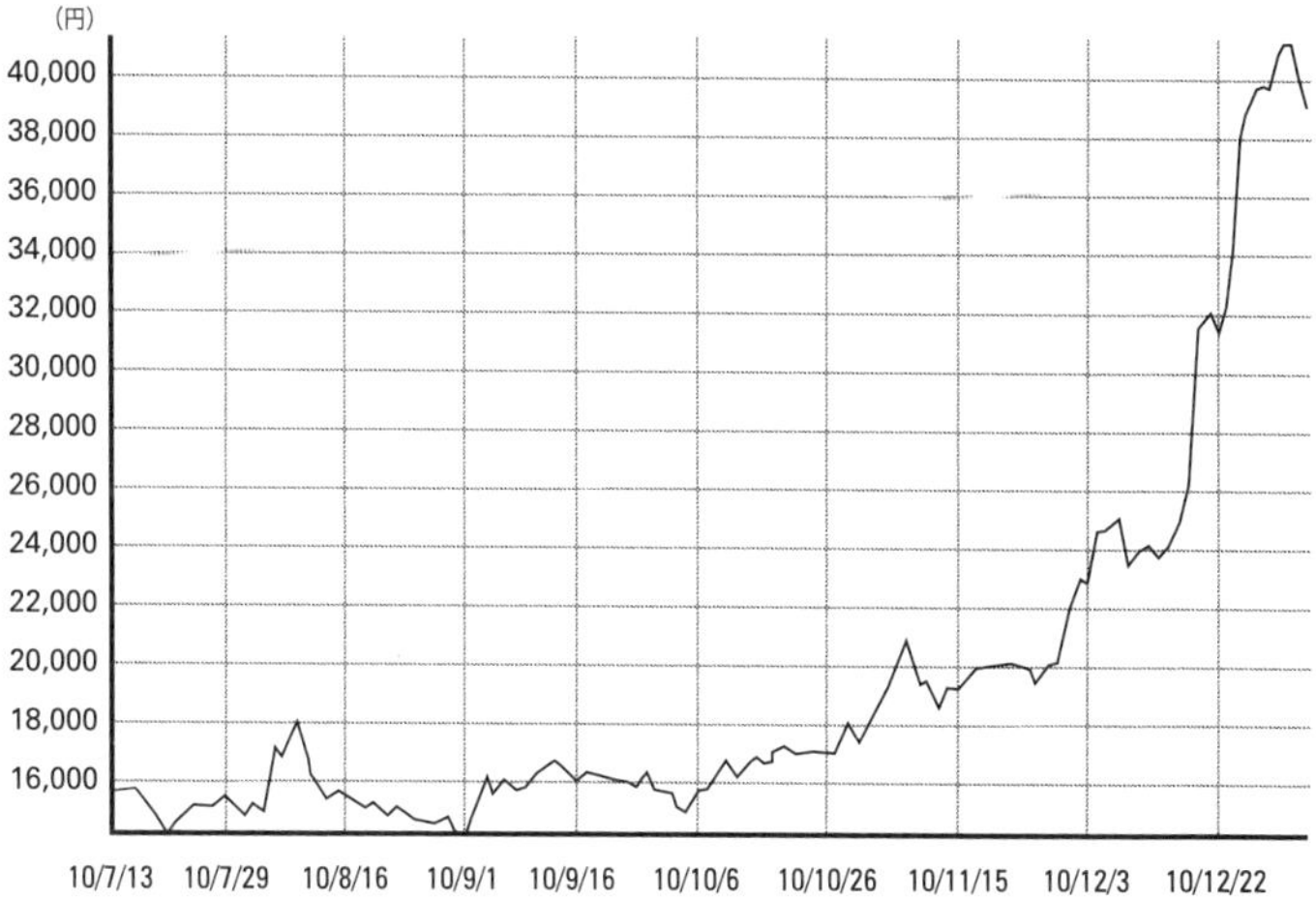

やたらと耳に入ってくる「中国人によるマンション買い」の影響が全くないということもないような気がします……。

私がここで、三井不動産や三菱地所のような大手不動産株を例として取り上げなかったのは、それよりも小型の銘柄のほうが、株価に大きな変動が表れているはずだと考えたからです。そして実際に株価はそのように動いています。

マンション業界は、「中国人をいいお客さんにする」という流れの先頭を走っているのかもしれません。日本国内ではローンが組みにくいことから「現金」で購入する中国人が多いと聞きます。なかには複数の部屋を購入する個人もいるそうです。

これらの株は、安値に放置されていた上、もともと変動率が大きいタイプの株です。個人投資家好みでもあります。

いきなり「マンションを大量に買っていたのは中国人だった」(すべてではないでしょうが)などというニュースが出てくるかもしれません。何か、これまでにない背景がなければ、ここまで急激な上昇を揃いも揃ってするものでしょうか？

4　日本株の追い風になりそうな変化は世界中で起こる

「2012年に世界が一変する」、そして「それは日本株に追い風」ということについてお話ししたいと思います。

え？　「世界が一変するなんて聞き飽きた」ですって？

本来、私もその声に賛成です。よく口にされるものだからです。しかし、2012年は本当に具体的な変化があるのです。

・中国共産党大会（国家主席交代）
・アメリカ大統領選挙

・ロシア大統領選挙
・フランス大統領選挙
・韓国大統領選挙
・台湾総統選挙
・金日成生誕100年

国連の常任理事国5カ国のうち、イギリスを除く4カ国で指導者を選ぶ選挙があるのです。東アジアにおいても相当な変化が見られる選挙の当たり年です。

中国は国家主席に習近平氏が就くでしょう。
アメリカはオバマ大統領が再選を目指すでしょう。
ロシアはメドベージェフ大統領が再選されるでしょう。
フランスはサルコジ大統領が再選を目指すでしょう。
韓国はポスト李明博《イ・ミョンバク》　争いが激しくなるでしょう。
台湾は馬英九総統が再選されるでしょう。

北朝鮮は金正恩《キムジョンウン》がさらに高いポストに就くでしょう。

２０１２年は本当に変化のある年なのです。その前年が２０１１年ですから、２０１２年に向けた動きが出てくるのは当然です。とくに経済の面でうまくいかないことがあれば、時の政権は権力の座を失うことにもなります（北朝鮮を除く）。いつも以上に、経済政策が優先されることになります。

日本にとって重要なのは（中国以外では）「アメリカ」です。この2カ国の動向は日本株を左右するものです。

本書では、中国の話題を中心にしてきましたが、もう一つの大国「アメリカ」の動きも無視することはできません。とくに２０１０年11月から米ＦＲＢ（連邦準備理事会）が実施しているＱＥ２（追加金融緩和策）が世界のマーケットにインパクトを与え続けています。ＱＥ2は２０１１年6月末までに６０００億ドル規模の米国債を購入し、マーケットに資金を供給するもので、それにより溢《あふ》れたマネーが世界中のマーケットに流れています。

2011年はアメリカの金融緩和姿勢がQE2後も継続するのか、そしてQE2の効果が実体経済に表れるのかが問われる年になります。

とくに2010年秋の中間選挙で歴史的大敗を喫しているオバマ大統領にとっては、大衆迎合的な政策を強いられることになると考えられます。先に延長が決まった「ブッシュ減税」もその端緒です。

アメリカの経済を映すのも株価です。実は大統領選挙前年（＝中間選挙翌年）のNYダウには面白い傾向があるので紹介します。それは「NYダウ17連勝中」というものです。過去の大統領選挙前年（＝中間選挙翌年）のNYダウの年間騰落率は以下の通りです。

1943年　＋13・8%
1947年　＋2・2%
1951年　＋14・4%
1955年　＋20・8%
1959年　＋16・4%

1963年　＋17・0％
1967年　＋15・2％
1971年　＋6・1％
1975年　＋38・3％
1979年　＋4・2％
1983年　＋20・3％
1987年　＋2・3％
1991年　＋20・3％
1995年　＋33・5％
1999年　＋25・2％
2003年　＋25・3％
2007年　＋6・4％

1943年以来負けなしです。平均すると約17％もNYダウが上昇しているのです。こうなってくると何かに操作されているかのような疑いを持ちたくなりますが、これも大統領選挙を翌年に控えた「大衆迎合経済政策」の結果だと思います。

こうした過去の例、アメリカの傾向からは、日本株のアゲインストになることはないと考えることができます。私は、「中国は頑張ったけど、アメリカのせいでパー」というような事態は起こらないと考えています。

5 緊張が起これば日本株は堅調になるのか

この章の最後に、とてつもなく大きな株価の見方を紹介します。あまりにもスケールが大きいので納得しない方がいるかもしれませんが、私自身は「あるかもしれない」「そうかもしれない」と考えていますので、勇気を持って書いてみたいと思います。

第2次世界大戦後の1949年5月に東京証券取引所が再開されました。そこから何度もの不況や、「●●ショック」というものを経ながら、株価はほぼ一貫した上昇を辿《たど》りました。

概して言うと「ずっと上がっていた」のです。

しかし、それは1989年12月の日経平均3万8915円を最後に下落に転じていきます。今もその水準を回復することはありません。私は日経平均のあり方そのものに問題があると本書の冒頭でも指摘していますが、仮に株式市場の動きを正確に反映していたとしても、1989年の水準を超えているかどうかはわかりません。

一体1989年の前と後にどんな変化があったのでしょうか？　もしかすると、1989年を境に大きな変化が起きていて、それが日本株の全体的な動きに影響を与えているのかもしれません。

ゴルバチョフでしょうか……。

ゴルバチョフ氏はご存知のように、1985年に旧ソ連の共産党書記長に就任し、その後旧ソ連最初で最後の大統領に就いた人物です。ペレストロイカ（立て直し）とグラスノスチ（情報公開）を推進しました。これまでの旧ソ連のあり方を急速に変化させようとしました。

１９８７年にはアメリカとの間で「中距離核戦力全廃条約」を結ぶなど平和政策を進めましたが、一連の動きは東欧での民主化に火をつけ、旧ソ連の権力失墜、体制崩壊にもつながりました。

結果的に「東西対立（冷戦）」を終わらせることになったのです。

この動きが活発化したのが１９８９年を挟んだ時期です。そう考えると、朝鮮戦争以来、東西対立が続いていた間は日本の株価は上昇していて、冷戦終結とほぼ時を同じくして日本の株価は下落しているということになります。

偶然かもしれませんが、偶然でないかもしれません。

もしかすると、東西対立があることで、日本は（主にアメリカから）経済的なメリットを受けていたのかもしれません。1989年には日米の貿易不均衡を是正する目的の「日米構造協議」が開かれ、それ以降、アメリカの対日要求が性急になった印象があります。日本に恩恵を与える必要がなくなったのかもしれません。

対立がなくなると日本の株は下がるのか？？？
対立があると日本の株は上がるのか？？？

もし再び、かつての東西対立のような、それに準ずるような「対立」があれば、日本の株には追い風になるのかもしれません。もちろん、わからないことですが、あながち的外れでもない気がします。

対立の一方は「アメリカ」で間違いないでしょう。では、もう一方はどこの国でしょうか？

ロシアではないでしょう。それはもう終わったことです。今でもアメリカと対立する部分が多々ありますが、かつてのような状態ではないと思います。

やはりそうなる可能性を持っているのは「中国」だと思います。

中国の国力増大はアメリカの脅威だと確信します。中国は軍事費においてもこの20年間二桁《ふたけた》の伸び率で増やし続けているのです。

その脅威にアメリカが対抗するとすれば何をするでしょうか？

地理的に中国に近い日本や韓国といった「お友達の国」の国力増大を目論むかもしれません。

わからないことですが、絶対ないとも言い切れないことです。

この先、アメリカと中国が何かの問題で対立し、それが軍事的なものにまで及ぶ気配が出てくれば、意外にも日本の株にとっては追い風になるのかもしれません。

現段階では「仮説」ですが、私はもしかすると……とも考えています。

第6章

局所バブルが不発、弾ける時のこと

1 ヘタレな米大統領が選出された時

米中の緊張関係は日本株にとって追い風になるかもしれないという前提に立てば、それがなければ、それを背景とした株価上昇は不発になるということです。中国は国家主席が交代しても、それほど政治的に変化するとは思いません。中国共産党は、中国共産党だからです。

鍵はアメリカが握ることになると思います。アメリカは時の大統領と政権がどのような政策を打ち出すかによって各国との関係が変化するように思えます。ブッシュ大統領からオバマ大統領への交代は、「強硬路線」から「穏健路線」への転換になりました。そして、そのタイミングで中国の台頭がさらに目立ってきたのです。

オバマ大統領がこれまでの「穏健路線」を継続するのか捨てるのか、もしくは2012年の大統領選挙では新たな大統領が選出されるのかは、とても大事なことだと思います。

場合によっては「急激な米中対立」↓「急激な日本株上昇」にもなるからです。逆に、「米中の蜜月《みつげつ》関係」↓「日本株不発」にもつながるのです。

アメリカの動向がキーポイントです。

それを見通すには、「アメリカの本質」を知らなければならないと思います。もう少しアメリカを突っ込んで見てみなければなりません。

アメリカは世界一の経済力、軍事力つまり「国力」を持つ国です。

私は、アメリカの「指導層」がどのような思考や発想を持っているのかが本質を知るヒントではないかと考えています。

ここでの「指導層」とは、単に大統領や政府高官を指すだけではありません。それだけではなく、アメリカの国民の総意を導く、全体から見れば少数の一群である「有力層」のさらに一部と捉えてください。決して、一人や二人のことではありません。それらの層がどのようなことを基に人格形成がされているのかを、まず追究しようと思います。

アメリカに限らず、国という大きな存在は、一人や二人の趣味や趣向で、動くものではないのです（北朝鮮を除く）。誰か巨大な力を持つ個人が、「ああしろ」「こうしろ」と言って、国を動かしているのではないのです。大統領にしても、選挙で負ければ終わりなのです。

しかし、個人ではないとしても、国の中で、指導的立場にある「指導層」が同じような考え方を持っていれば、総体としてその方向になびいていき、「有力層」も（もともと同じ考えを持っているので）それと同じ動きをすることになります。

このあたりは、日本も大差ないかもしれません。日本と決定的に異なるのは「世論の方向性」です。これは相当違います。だから、度重なる軍事介入もしますし、考えられないくらいの大きな規模の経済危機も起こるのです。

私は、この「世論の方向性」の形成過程に、私達日本人がなかなか理解できない「アメリカの本質」があると見ています。

それは私達からすると、かなり「えげつない」ものかもしれません。

アメリカの地図を入れておきます（次ページ参照）。すべての「州」がわかるものです。

古い話から始めますが、アメリカ合衆国は、１７７６年、今から二百数十年前に、イギリスの北米植民地が独立を宣言して成立した国家です。

そして、さらにその前、ヨーロッパ人がアメリカ大陸に進出してくる端緒になったのが、誰でも知っているコロンブスの西インド諸島発見です。１４９２年のことです。日本では、織田信長が桶狭間《おけはざま》の戦いで今川義元を降《くだ》したのが１５６０年ですから、さらにその前、室町時代の将軍、足利義政が京都の東山に銀閣寺を建立した頃です。

コロンブス以降、ヨーロッパの国々が、この「新大陸」に（ちなみにこの「新大陸」という表現はヨーロッパ人から見たものであって、もともとアメリカ大陸に住んでいた人は大勢いたわけですが……）ま、とにかくその後、多くのヨーロッパの国々から入植者がやってくるわけです。

カナダ
ミネソタ
ミシガン
バーモント
メイン
ウィス
コンシン
ニュー
ハンプシャー
マサチューセッツ
ニューヨーク
ロードアイランド
コネチカット
イオワ
ペンシルバニア
ニュージャージー
オハイオ
デラウェア
イン
ディアナ
イリノイ
ウエスト
バージニア
ワシントン D.C.
メリーランド
バージニア
ミズーリ
ケンタッキー
ノースカロライナ
テネシー
サウスカロライナ
ミシ
シッピ
アラバマ
ジョージア
イジアナ
フロリダ
リオグランデ川

ワシントン
モンタナ
ノースダコタ
オレゴン
アイダホ
サウスダコタ
ワイオミング
ネバダ
ネブラスカ
ユタ
コロラド
カンザス
カリフォルニア
アリゾナ
ニューメキシコ
テキサス
ハワイ
アラスカ
メキシコ

ヨーロッパ人からすれば、そこはインディアンが伝統的な生活を送っていた場所ということになります。当時、現在のメキシコより北には1000万人のインディアンが住んでいたとされています。狩りをして、食物を集めながら移動する遊牧民もいれば、定住する部族もあったようです。

興味深いのは、インディアン社会においては、土地は個人のものではなく、共同体全体のものとされていたことです。また、決して「未開の地」というわけではなかったようです。場所によっては、それなりに人口密度があったようです。

ここで、強調しておかなければならないことがあります。

まずは私がここで「ヨーロッパ人」と表現している入植者も一つではないということです。フランスやイギリスなど国が異なるのはもちろんですが、それだけではなく、この時点ですでに「支配層」と「被支配層」に分かれていたということです。

「支配層」は、本国の為政者や実業家からの使命を帯びている人、もしくはその本人。

「被支配層」は、一般の労働者です。新大陸で働き、よりよい生活を夢見た人々です。

もう一つは、初めの段階においてはインディアンが多数派だったということです。彼らも多数の部族に分かれていましたが、総数は圧倒的多数だったのです。したがって、白人入植者は、何をするにも、インディアンと友好的にことを進めていく必要がありました。

農場を作り、インディアンを雇いました。そこで作られたタバコなどを、ヨーロッパで売りさばくことで、大きな利益を得ました。

この時に、白人入植者の支配層が考えていたのは、「どんどん農場を広げて、作物を作りたいが、そうすると多くのインディアンに無理な労働を強いることになる。反乱などが起こるとまずいな……」ということです。

インディアンは普段は温厚ですが、ひとたび感情に火がつけば、攻撃的になりました。また、強靭な身体の持ち主も多かったので、なかなか白人支配層の思い通りにはなりませんでした。

そこで、白人支配層は考えました。

「インディアンではなく、労働だけをする人がもっと欲しい。ヨーロッパからの入植者だけでは間に合わない……どこか他のところから連れてくることはできないだろうか……」

こうしてアフリカから「黒人奴隷」が連れてこられたのです。

奴隷制は、人手が足らないことから始まったものの、ついには「奴隷貿易」という一つの産業にまで発展していきます。白人が黒人を奴隷として使う、白人こそが主人だという人種差別の根本にもなりました。

ここで、アメリカ大陸には、四つの層ができ上がりました。

一番上に位置するのが、「白人の支配層」、
その次が「白人の労働者」、
そして、一番下が「黒人の奴隷」です。
インディアンはこの層の中にいるのではなく、白人労働者の横の位置、部族の首長などは白人支配層のやや下の隣くらいに位置していたと考えられます。

この時も「白人の支配層」が恐れたのは、白人の労働者と黒人の奴隷が手を組んで、反乱を起こすことです。そこで、支配層は、白人労働者には、年季奉公を終えた時点で、金銭とトウモロコシを与えることにしました。これにより、白人労働者は社会的立場について、以前より不満がなくなりましたし、「自分達は黒人とは違う」という現実的な優位性を手に入れることになり、黒人と手を組んで反乱を起こすなどということは考えなくなっていくのです。

このような仕組みのもとで時が進んでいくと、貧富の差が拡大します。白人支配層はますます裕福になっていきます。

1630年、マサチューセッツ湾に植民地がひらかれた時の初代総督ジョン・ウィンスロップは「いかなる時代でも、ある者は富み、ある者は貧しくあらねばならない」と述べています。植民地を統治する考え方がよく表れていると感じます。

そして、それは時を経て「既得権益」になっていくのです。

アメリカは1776年に独立宣言をして、一つの国家になるわけですが、その時点ですでに、このような「階級」や「既得権益」ができ上がっていました。それどころか、独立によって、それらがより強固になりました。

アメリカ独立宣言では「すべての人民の権利と平等」をうたっていますが、それは表面的なことだったと言わざるを得ません。

このあと、白人支配層は「土地」に執着していきます。土地を買いあさっていきます。この時の土地を買うという行為は、いわゆる「投機」で、転売することが目的でした。それで大きく儲けた人の一人が、初代大統領ジョージ・ワシントンです。建国の父といわれるパトリック・ヘンリーもそうです。

1829年に第7代大統領となるアンドリュー・ジャクソンは、インディアンから土地を取り上げることに精を出した人物として知られています。インディアンを強制移住させることに力を入れました。

ここにきて比較的関係が良好だった、白人とインディアンとの間に争いが生まれてくるのです。

国家として成立していたことを逆手にとって、法律を作り、インディアンの権利を否定し、彼らに圧力をかけて追い出そうとしていきます。

当時、ジャクソンがインディアン部族に送ったメッセージを紹介します。

「首長と戦士に伝えよ。わたしは諸君の友人である。諸君がミシシッピとアラバマの地から去り、わたしの提供する土地へ移住しない限り、わたしを友人とすることはできないのだ。私は諸君を保護し、かつ諸君の友人であり、父であらんことを願っている」

もちろん、インディアンは強制移住に抵抗し、双方、多くの血が流れました。しかし、最終的にインディアン移住政策は白人の思い通りの成果を挙げることになります。争いを望まず、白人社会に適応しようとした「チェロキー族」ですら、西へ西へと追いやられたのです。

このほかでは、１８４６年から１８４８年に起こった「メキシコ戦争」が象徴的です。

メキシコ戦争は「米墨戦争《べいぼく》」ともいわれる、アメリカとメキシコの領土をめぐる戦争です。
かつて、現在のアメリカ中南部、南西部の州、具体的にはテキサス、ニューメキシコ、アリゾナ、ユタ、ネバダ、カリフォルニアがメキシコだったのをご存知でしょうか？
もともと入植者が多かったテキサスは1836年にメキシコから独立していましたが、ほかの州は、当時のアメリカにあった「アメリカの領土をもっと広げるべきだ」との風潮の中で、メキシコに戦争を仕掛け、結果的にアメリカ領としたのです。

戦争の経緯はここでは詳しく説明しませんが、メキシコから先に攻撃をするように持っていき、それをきっかけに一気に戦争に突入したというものです。この時の大統領は、領土拡張論者でもあった11代大統領、ジェームズ・ポークです。そして多くのアメリカ人がこの戦争に好意的でした。志願兵が軍に殺到したといいます。

1848年にメキシコが降伏し、「グアダルーペ・イダルゴ条約」を結びます。この条約で、アメリカはカリフォルニアと南西部全域を譲渡されることになり、国境線がリオグランデ川であることも確定しました。

アメリカはこの時にメキシコに1500万ドルを支払っています。そのことから、対外的に、新しい領土は戦争による武力で得たものではなく、購入したものだとしたのです(ちなみにその後カリフォルニアとテキサスには、金鉱や油田が発見されています。ジョージ・ブッシュ前大統領の出身地はテキサスです)。

ここまでお話ししてきたことは、何千年も前の話ではありません。アメリカは悠久の歴史を持つ国ではないのです。

私は、意図的に「ひっどいなぁ〜」という部分だけを取り上げたのではありません。ありのままにお話ししているつもりです。

これが「アメリカ」なのだと思います。しばしば私達がアメリカの動きについて、違和感や「えげつなさ」を感じてしまうのは、同じ背景や歴史を持っていないからです。私達は、アメリカ社会の有力層ではないのです。

しかし、それでもアメリカは世界一の大国です。影響力は絶大です。

アメリカの「根底」には、ここでお話ししたような意識が今もあると私は考えています。いかにして支配層が支配を続けることができるか、いかにして領土や権益のある土地を広げられるかがアメリカの根底にあると思います。

これを頭に置いた上で、ベトナム戦争後のアメリカの大統領の変遷を見ていくと面白いことがわかります。私にはベトナム戦争後の流れが、足元のアメリカのコンセンサスを作っているようにも感じられます。それは9・11テロ以降のアメリカの動きに似ているような気がしてなりません。

ベトナム戦争は、当時のソ連を中心とする共産主義陣営とアメリカを中心とする資本主義陣営の代理戦争でした。1965年2月7日の「北爆」から1975年4月30日の「サイゴン陥落」まで10年間続いたとされていますが、明確に宣戦布告がされない戦争だったので、本当のところは1950年代、アイゼンハワー大統領の時代からその火種がありました。

ここでは、戦争の経緯や戦線がどのように拡大していったかには詳しく触れませんが、つまりはアメリカが実質的に敗北した戦争です。

ここで、アイゼンハワー後のアメリカ合衆国大統領の略歴を見てみましょう（次ページ参照）。

アイゼンハワーを引き継いだのは、民主党のジョン・ケネディ大統領でした。ベトナムに、「軍事顧問団」と呼ばれる軍隊を次々に送り込みました。後に、ベトナム戦争は単なる東西対立というだけでなく、東南アジアの資源をめぐるものであったことを裏付けるアメリカ政府の秘密覚書も出てきています。

そして、この戦争は、アメリカ国内で反対の多かった戦争です。史上かつてない規模で、多くのアメリカ国民が反戦デモを行った戦争でした。

（はっきりとした）開戦当時の大統領は、ケネディが暗殺された後を引き継いだ民主党のジョンソンでした。彼は北ベトナムに対し、さらなる攻撃を加えましたが、思うような成果が出ず、１９６８年の時点で４万人ものアメリカ兵の死者、25万人の負傷者が出ました。

主な来歴

冷戦最盛期に朝鮮戦争停戦協定への署名、スエズ危機を端とする中東問題への傾斜、キューバへの国交断絶と経済制裁など外交問題に注力。1960年には日米安保条約締結。

ピッグス湾事件、ベルリン危機、キューバ危機、部分的核実験禁止条約締結、宇宙開発競争など在任中に多くの歴史的事象が起きた。1963年11月22日、遊説先のテキサス州ダラスで暗殺された。

ケネディ暗殺直後に政権を引き継ぐ。国内では人種差別是正に貢献したが、ベトナム戦争に深く介入し、国民の反戦運動を招いた。

ソ連・東欧諸国への融和的な「デタント政策」の推進、ベトナム戦争終結、中国との国交成立等平和に尽力した。しかし野党民主党に対する盗聴への関与が明らかとなった政治スキャンダル「ウォーターゲート事件」により任期中に辞任。

ニクソン辞任により選挙を経ずに大統領就任。現職のアメリカ大統領として初めて日本を公式訪問した。

エジプト・イスラエル間の和平協定「キャンプデービッド合意」締結やパナマ運河のパナマへの返還を実現する等外交で一定の成果を挙げるも、イラン革命やイラン・アメリカ大使館人質事件、アフガン紛争などを許した。また石油危機等により国内は高インフレと不況に陥った。2002年ノーベル平和賞受賞。

軍拡路線を取り、強硬外交を進めベトナム戦争以来の本格的武力行使「グレナダ侵攻」や、ソ連・共産主義への対抗など「強いアメリカ」を印象づけた。

就任して約1年後、ソ連ゴルバチョフとの「マルタ会談」で米ソ冷戦終結を宣言した。翌年、イラクのクウェート侵攻を機に、湾岸戦争開始。米軍は多国籍軍の中心的存在として、イラクを撃退した。

経済政策に力を入れ、戦後2番目に長い好景気をもたらした。

就任9カ月後に9.11同時多発テロが発生し、在任期間は対テロ戦争に終始する。

米国初の黒人大統領。2009年ノーベル平和賞受賞。

アメリカ合衆国大統領略歴（第34代～第44代）

代	大統領名	政党	在任期間
34代	アイゼンハワー Dwight David Eisenhower	共和党	1953.1～1957.1 1957.1～1961.1
35代	ケネディ John Fitzgerald Kennedy	民主党	1961.1～1963.11
36代	ジョンソン Lyndon Baines Johnson	民主党	1963.11～1965.1 1965.1～1969.1
37代	ニクソン Richard Milhous Nixon	共和党	1969.1～1973.1 1973.1～1974.8
38代	フォード Gerald Rudolph Ford, Jr.	共和党	1974.8～1977.1
39代	カーター James Earl Carter, Jr.	民主党	1977.1～1981.1
40代	レーガン Ronald Wilson Reagan	共和党	1981.1～1985.1 1985.1～1989.1
41代	ブッシュ George Herbert Walker Bush	共和党	1989.1～1993.1
42代	クリントン William Jefferson Clinton	民主党	1993.1～1997.1 1997.1～2001.1
43代	ブッシュ George Walker Bush	共和党	2001.1～2005.1 2005.1～2009.1
44代	オバマ Barack Hussein Obama II	民主党	2009.1～現職

当然、さらに国内での反戦運動は高まります。

そんな中、ベトナム戦争終結を公約し、大統領になったのが、共和党のリチャード・ニクソンです。1969年1月に大統領に就任したニクソンの人気は絶大でした。その年の7月には、戦争を終結させるための「ニクソン・ドクトリン」を発表し、北ベトナム政府と秘密交渉を始めています。

1972年2月には中国を電撃訪問し、毛沢東と会談、国交回復への道筋をつけました。アメリカ国民は大いにそれを支持し、ニクソンは同じ年の大統領選挙で圧勝し、2期目に入りました。

しかし、それと時を同じくして、後にニクソン大統領を辞任に追い込むことになる、「ウォーターゲート事件」が発覚します。ウォーターゲート事件とは、民主党全国委員会の本部があるウォーターゲートビルに5人の男が侵入してカメラや盗聴器を仕掛けたことが発覚した事件ですが、その犯人達がニクソン政権とつながっていたことで大騒ぎになったのです。

訴追を恐れたニクソン政権下の役人が次々に口を開き、

・アメリカの巨大企業がニクソンに違法献金をしていたこと
・民主党にダメージを与えるべく、秘密工作をしていたこと
・ベトナム戦争の裏側を暴露していたジャーナリストを弾圧していたこと
・ありとあらゆる盗聴をしていたこと

などが明らかになりました。さらには、副大統領までもが賄賂《わいろ》事件で起訴されました。

ニクソン大統領は1974年8月に辞任を発表しました。

ニクソンが2期目の途中で辞任したため、大統領には、起訴されたアグニュー副大統領の後、副大統領になったジェラルド・フォードが昇格しました。もちろん共和党です。

この頃になるともう反戦運動、反政府運動はどうしようもないところまできていました。フォード大統領の任期中に、アメリカは和平協定に調印して、軍隊を撤退させましたが、それでも国全体を覆う、「不信感」は消えませんでした。同時に、景気が後退し、失業率も上昇していました。それはさらに政権への不信感を強めることになりました。

こうしたムードの中で、政治の刷新、つまり「チェンジ」をアピールして大統領に就任したのが、民主党のジミー・カーターです。カーター大統領は、リベラル、左よりの政策を標榜《ひょうぼう》していました。

ここでみなさんは「ん、なんか似ているな？」と気づくことがありませんか。

そうです！

共和党のニクソンからフォード、そして民主党のカーターへの流れと、ジョージ・ブッシュ前大統領からオバマ現大統領への流れが似ているのです。

ベトナム戦争を終わらせる英雄として迎えられながら、スキャンダルで失脚した政権が嫌気され、リベラルな大統領に交代しました。

ニクソン、フォードからカーターへの流れです。

9・11テロを発端とするテロとの戦いを宣言し、民衆の心をつかみながら、その後イラク戦争を泥沼化させ、あげくのはてに景気まで急降下したことから、リベラルな黒人大統領が誕生しました。

ブッシュからオバマへの流れです。

とても似ています……。

同じような出来事が起こると、アメリカは同じような政権選択をするのかもしれません。するとかつてのカーター大統領がどうなったかが気にかかります。

結論から言うと、彼は1期4年しか大統領を務めることができませんでした。1977年から1981年までです。再選されなかったのですから、当然、支持を得られなかったということですが、その原因は「弱腰外交」でした。

具体的には、1979年のイラン革命に絡んで起こった「イラン・アメリカ大使館人質事件」へのグズグズした対応です。この他、ソ連（当時）のアフガニスタン侵攻を食い止めることができなかったこともあります。

半面で、カーター大統領は、「人権外交」を標榜し、エジプトとイスラエルの和平協定「キャンプデービッド合意」を実現したり、パナマ運河のパナマへの返還を実現させるなど「平和政策」には成果を挙げています。

しかし、いわゆる「ガツン」といくことがなかったことが、政権が長続きしない要因になったのです。

私は思います。

アメリカは基本的に「ガツン」といく指導者を求めており、それこそがアメリカだと。そして、時々、ガツンといきすぎたときに、リベラルな指導者が出てくるが、それは短命で終わる。そしてまた、「ガツン」に戻る。このように思います。

カーターの後を引き継いだのはまれにみる「ガツン&イケイケ大統領」ロナルド・レーガンです。その次は、ジョージ・ハーバート・ウォーカー・ブッシュ、つまり「パパ・ブッシュ」です。

レーガンは、ベトナム戦争以来の武力行使「グレナダ侵攻」を行った大統領です。レバノンにも海兵隊を派兵しました。「強いアメリカ」を標榜しました。パパ・ブッシュは「湾岸戦争」です。典型的なブルジョワ出自の人物です。

やはりこうなるのです。それがアメリカです。

ある短い時期を除き、「好戦的で」「支配者的」な人物が大統領になるようです。

オバマ大統領は再選に向けて、大きな方向転換を強いられるかもしれません。そうでなければ、これまでのアメリカの流れに沿った「好戦的」で「支配者的」な大統領が誕生するかもしれません。

もしオバマ大統領が「穏健路線」を転換せず、それでアメリカ国民の支持を得ることができるのであれば、米中の緊張関係は表面化せず、日本株には追い風が吹くことは（この側面からは）ないと思います。

2 また日本企業が大規模増資を連発した時

現実的には「日本株上昇」を不発にする可能性がもっとも高いのが「大規模増資」だと思います。2010年までの数年間の日本株がモタモタしていた最大の理由も「増資」ではないでしょうか。

増資は、新たに株式を発行し企業が資金を調達することです。株数が増えるので、株価が上がらない、上がりにくくなります。その銘柄を持っている株主にとっては「一株利益の希薄化」が起こり、たいていの場合、損をすることになってしまいます。「株主軽視」どころか、株主を痛めつける行為です。

決して容認できるものではありません。それでも多くの日本企業が「増資」を行っているのが実際です。

ところで、この「増資」は、今ひとつわかりにくいものではないかなと思います。

なぜ、それをやるのか？　なぜ今やるのか？

ここでは、それをお話しするとともに、最近の傾向から見て、「このような企業が増資をするんじゃないか」と思えるものについても言及してみます。

実は、世界的に見れば「増資」は高水準にありながらも、減少に転じてきています。

ちなみに、ここでの「増資」とは、

・公募増資
・第三者割当増資
・転換社債型新株予約権付社債
・新規公開

を指します。

世界の増資額は（２００９－２０１０）年率に換算して約20％減少しています。

地域別では、日本とオーストラリアを除くアジアパシフィックは約１４０％増で、欧米は約45％減です。やはり中国など新興国の増資は高水準です。経済が拡大し、株価も上昇しているので、それは当然のこととも受け取れます。

問題は日本です。

日本は株価が低迷していたにもかかわらず、増資は高水準で推移しています。２００９年の公募増資は史上最大となる、総額５兆５０００億円でした。これは２００８年と比較すると約２２０％増加です。そして２０１０年も年率で考えると４兆円以上行われるペースで推移しました。

「去年より減っているからいいや」ではないのです。


日本の増資の大きさを感じさせる数字をもう一つ紹介します。

それは（増資の）対時価総額比率です。

２０１０年の年率換算でアメリカは１・２％、ヨーロッパは１・８％です。これに対し、日本は２・７％もあります。いかに日本の増資規模が大きいかがわかると思います。


株価がパッとしないにもかかわらず、大型増資がバンバン出てくるのです。株価がパッとしなくなるのも当然です。

日本企業の歴代のエクイティファイナンス金額上位10件のうち、2009年に4件、2010年に4件と、大型の増資が最近になって増えています。同一の会社が複数回実施することもありました。

その多くはメガバンクです。

具体的には2009年7月と2010年7月のみずほFG、2009年6月と2010年1月の三井住友FG、さらには2009年12月の三菱UFJFGです。

金融機関という意味では2009年10月の野村HDもあります。

これらの増資による希薄化率は36・4%から18・7%まで幅がありますが、いずれにしても大きな希薄化です。

本来なら株価低迷時には株価を上昇させるべく、自社株買いが行われるものです。

しかし、自社株買いは全体で1兆円にも満たない水準です。増資は4兆とか5兆の単位で出るのですから、しんどいのです。

一時期の日本株がほかの国々のパフォーマンスに比べて大きく見劣りしたのは、円高による企業業績懸念だけではありません。この「増資による需給悪化」が大きな要因です。

私は、そのように考えています。

直近のところでも、２０１０年８月の国際石油開発帝石や、２０１０年10月の東京電力の増資がありました。金融機関以外にもその動きが出てきています。

なぜ、こんなひどいことをするのでしょうか？

彼らは血も涙もない人間や組織なのでしょうか？

「やる側の都合」についてもお話ししなければなりません。

おおまかに「やる側の都合」は三つあります。

一つ目は、

海外企業への買収が増加していること、その資金手当てです。国際石油開発帝石や東京電力、日本電産などは海外の投資拡大を資金の使いみちとして挙げています。内需の低迷や円高がそれを後押ししています。

二つ目は、

「時価会計化」です。円高株安の時には、多くの日本企業の自己資本は資産価値の低下により、減少することになります。株価は下がり、ドルも安くなるからです。

これまでも当期損失の主因が、自己資本減少だった例はいくつもあります。資産価値の減少が自己資本減少の主な要因となり、場合によっては当期損失にもつながるのです。事前対処として増資をする訳です。その意味では、自己資本が著しく減少している企業は、増資をする可能性が高いということになります。

三つ目は、

銀行の自己資本規制の強化です。

日本企業の自己資本比率は２０１０年３月末に、約34％となりました。上昇はしているものの、米企業の約47％と比較するとまだまだ低いのです。そうしたこともあって、リーマン・ショック時には銀行ですら資金調達が困難となりました。

つまり、もともと自己資本を積み増さなければならない必要があるということです。そのための増資です。とくに銀行はリーマン・ショック後の国際的な金融ルール「バーゼルⅢ」の規制もあってその必要に迫られているのです。

（ややこしいものも含まれますが）この三つが増資をする側の都合です。

では、こうした動きに私達は対処できるのか？

それは……完璧にはできません。

たとえば、たまたま保有していた銘柄の企業が増資を発表して、その希薄化率が30％だったとしましょう。理屈の上では、株価は30％下がってもおかしくはないのです。

もう、こうなるとすぐに投げざるを得なくなります。しかも、その増資の有無を事前に知ることもできません。対処などやりようがないのです。

私達にできることは、「できるだけ増資がありそうな銘柄に手を出さない」ということだけです。これまでの増資をする企業の傾向を見て、それに当てはまる企業の株はできるだけ持たない、いわんや長期保有などしないようにすることです。

増資をしそうな企業とはどんな企業なのか？

一つは、自己資本比率が低い企業です。

なかでも、外貨建て資産を多く持ち、かつ持ち合い株を多く持っている企業が多い「電機セクター」がちょっと気持ち悪い気がします。日立、東芝、ソニー、富士通、NEC、シャープなどはその条件に一応当てはまります（増資の有無を明言するものではありません）。

このほかでは、国際石油開発帝石や、東京電力の例でもわかるように公益企業や、民営化企業にまで海外進出資金を手当てするための増資が増えてきたことにも気をつけなければならないと思います。この場合も、電機セクターと同様、自己資本比率の低い企業には注意しなければならないと考えています。

もし、このような「増資」を日本企業、それも東京市場の中心に位置するような企業が連発した場合は、国内といわず海外といわず「投資家」は逃げていきます。増資で株数が増えることで上昇が妨げられる市場に投資などしないのです。

日本株上昇は不発になります。

3 また、「みんな」が嬉しくなった時

本書の最後に「株価上昇が終わる時」についてお話しします。

それは、決して指標で測れるものではありません。まず、これを頭に置いて欲しいと思

います。

もし指標で測れるのであれば、バブル崩壊で損をする人など歴史上いないことになるのです。

なぜなら「バブルの頂点では『指標』はすべて抜群」だからです。みんなが強気なのです。

株価は「買い続ける投資家」がいなくなれば、それ以上の上昇はしないものです（おわかりですね？）。買うべき投資家が買ってしまえば、あとは「売る人」だけが残ることになるのです。

「みんなが買った時」にはどのような空気が世の中にあるでしょうか？

それは「強烈な楽観」です。

この先の上昇を見ているからこそ、「みんな」は株を買うのです。だから「みんな」が株を保有している瞬間は「強烈な楽観」が支配します。

これがもう「終わりの始まり」なのです。

私達は、そうした時に「静かに」持ち株を売らなければなりません。いや、もしかすると世間の楽観的な風潮に流され、「頂点」での売却タイミングは逸してしまうかもしれませんが、それでも株価の変化にいち早く気づき、「みんな」がパニック的な売りを出す前に、逃げなければなりません。

必ずやらなければなりません。

また、今回私が想定している株価上昇は「局所的」なものなので、もしかすると世間の風潮はそこまで「楽観」にならない可能性もあります。ある部分は楽観されるものの、ある部分は悲観されたままなので、トータルでは「フラット」なのです。

しかし、それでも株価は必ず上下します。大化けする銘柄も出てきますし、その後、必ず下落もします。

「小さく」見ていかなければならないと思います。自分が関わっている（投資をしている）範疇において詳しく見ていくということです。小さな範疇の中でも「関わっているみんなが嬉しいと感じる時」は静かに売ったほうがいいでしょう。

仮にその後、さらなる上昇をしたとしても悔しがることなどないのです。損をするわけではないからです。

上昇している銘柄に素直についていく分別を持ちたいと思います。局所バブルの対象になった銘柄は、今考えているより大きな上昇をすることになります。

10階建てビルのエレベーターがあるとして……、

「3階で乗って、7階で降りる」感覚です。

そんな感覚が局所バブルには向いていると思います。

「みんな」が嬉しくなると局所バブルも崩壊します。個別の銘柄についても同様です。まだ先のこととは思いますが、必ず「みんな」が総楽観する時が来ます。その時に、あるいはそのすぐ後に……、

持ち株を全部売り払ってください。

おわりに

少数の日本人として日本株で儲ける

「日本悲観論」に辟易《へきえき》しています。悲観されるにはそれなりの理由があるからだと考える半面で、まるで日本が奈落の底に落ちていき、日本国民すべてが食うや食わずの貧乏暮らしとなり、どこかの国の属国になってしまうかのような極端な見方には決して賛成することはできません。

日本は崩壊しないのです。そもそも「崩壊」とはどのような状態を指すのか不明です。これまでも世紀末や10年ごと、あるいは常識が覆るような出来事があるたびにそのようにいわれてきましたが、今もって「崩壊」とは何かがわからないくらいですから、そうはならないのです（ハルマゲドンが来る！　みたいなものです）。

それにしても「お金」は要ります。

崩壊しないことを安心しているだけでは、ただ生きているだけになってしまうのです。やはりお金は要るのです。

お金を得る、得た人はどこかの時点で「流れに乗った人」だと思います。ある時、急激に拡大した業界の中枢にいた人、それに資本を投じた人。土地が大きく値上がりした時、もしくはその前に土地を買っていて、売り抜けた人。

株もそうです。株価が急激な値上がりをすることを見抜いた人、そして株を買い、高値で売り抜けた人が大きなお金を手にします。

それは少数の人です。

これまで、大きなお金を手にする人が多数派であったことはないので、これからもそうなのだろうと考えています。すると、多数派の中にいると大きなお金を手にすることがないという真理が導かれます。少数派の中に大きなお金を手にする人が存在するのです。

今の日本、日本の株式市場を多数派はどのように見ているでしょうか？
その逆をやることで「大きなお金」に近づくのだと思います。
（最後にもう一度繰り返すことにしました。）

２０１１年2月吉日　　天海源一郎

〈著者紹介〉
天海源一郎　1968年大阪市生まれ。関西大学社会学部卒業後、ラジオNIKKEIを経て独立。2004年よりフリーランスとして活動を開始、個人投資家が儲けるための啓蒙をライフワークとする。『株で儲ける人の頭の中』『人とは違う株のやり方』『ゴールド・ラッシュ しっかり儲かる金の凄さ』(小社刊)など著書多数。『週刊現代』『FRIDAY』『Yahoo!月刊チャージャー』等の各種メディアで活躍。現在、『夕刊フジ』にて毎週木曜日「木曜は株式フジ」連載中。ベストアナリストランキング(宝島社調べ)のベストテン常連。公式HPから登録できる無料メルマガも好評。
公式ホームページ　http://www.tenkai.biz/

頂上《てっぺん》はこれから!
この局所バブル株で大儲け
2011年2月25日　第1刷発行

GENTOSHA

著　者　天海源一郎
発行者　見城 徹

発行所　株式会社 幻冬舎
〒151-0051 東京都渋谷区千駄ヶ谷4-9-7

電話:03(5411)6211(編集)
03(5411)6222(営業)
振替:00120-8-767643
印刷・製本所:中央精版印刷株式会社

検印廃止

ISBN978-4-344-01952-2 C0033
幻冬舎ホームページアドレス　http://www.gentosha.co.jp/

この本に関するご意見・ご感想をメールでお寄せいただく場合は、comment@gentosha.co.jpまで。